KB029070

연대의 밥상

연대의 밥상
한없이 기꺼운 참견에 대하여

초판 1쇄 발행 2022년 7월 30일

지은이 이종건 | 그린이 곰리
펴낸이 임경훈 | 편집 윤정아
펴낸곳 롤러코스터 | 출판등록 제2019-000296호
주소 서울시 마포구 월드컵북로 400 서울산업진흥원 5층 2호
전화 070-7768-6066 | 팩스 02-6499-6067 | 이메일 book@rcoaster.com

ISBN 979-11-91311-16-7 03300
© 이종건·곰리, 2022

롤러코스터
Rollercoaster
Press

연대의 밥상

한없이
기꺼운

참견에
대하여

이종건 지음
곰리 그림

추천의 글

법이라는 이름으로 버림받은 현장에도 생존의 음식은 있었다. 명도소송과 용역을 동원한 강제집행에 이중삼중으로 찢긴 상처투성이 현장은 원래 밥을 하는 식당이었다. 배고픈 이들을 위로하는 생명의 장소였다. 그 자리는 공권력으로 훼손되었고, 다시 복원할 수 없게 되었다. 그러나 우리는 패배로부터 희망을 배우듯, 눈물처럼 뜨거운 현장의 밥과 국으로 다시 싸울 힘을 얻는다. 그리하여 아직 우리는 지지 않았다고 믿을 수 있게 된다.

이 책은 깨져도 희망을 버리지 않는 사람들 편에서 싸우며, 그들이 언젠가 다시 밥솥에 불을 넣는 날을 응원해온 이의 음식 이야기다. 침탈의 두려움에도 뜨거운 음식 한 그릇의 미각을 이토록 써내려갈 수 있었던 것은 아마도 낙관의 힘이 아니었을까. 단숨에 읽고 나면 그는 아무나 먹을 수 없는 단 한 그릇의 음식을 나누기 위해 그 자리에 있었다는 생각이 든다. 그래서 그 음식이 더 귀하고 맛있게 보이는 아이러니에 빠진다. 그와 짧게 현장에 서 보았다. 투사인 줄 알았던 그의 눈이 그토록 예쁘고 깊은 줄 몰랐다. 눈물이 많아 보이는 눈이었다. 그래서 더 아팠고 더 슬펐다.

박찬일 _ 요리사

부동산의 마수에 속절없이 추방당하는 이들 곁에서 먹고 마신 저자 이종건과 그의 단골집 주인들, 현장의 연대인들은 용역깡패들과 한바탕 육탄전을 벌이고 나서도 흙먼지 속에서 솥을 걸고 프라이팬을 달궈 김치전을 부쳤다. 요즘 세상에 '연대'라는 말만큼이나 진부하고 힘없는 것이 어디 있을까. 하지만 이종건은 꿋꿋하게 연대의 밥상을 차렸고, 육지고 슴슴한 손맛이 사라질까 부러 차려달라 보채며, 이웃들 곁에서 먹고 마셨다. 그의 이야기를 듣는 내 심장은 뜨끈해졌건만 끝내 눈물이 차갑게 흐른다. 이 시대의 먹보요 술꾼인 이종건. 그가 가진 것은 단골집과 이웃이고 우리가 잃은 것도 단골집과 이웃이다.

정은정 _ 《밥은 먹고 다니냐는 말》《대한민국 치킨전》 저자

두쟁 얘기인가 했더니 음식 얘기고 음식 얘기인가 했더니 인생 얘기다. 옥바라지선교센터 이종건 전도사가 도시 곳곳에서 삶의 터전을 잃지 않기 위해 싸우는 이들과 함께 차리고 먹어온 밥상의 연대기를 읽다 보면 배가 고파온다. 고픈 것은 함께 사는 삶이다. 우리가 누구와 어디서 무엇을 먹는지는 곧 우리의 존재를 결정한다. 당신은 오늘 누구와 밥상에 함께 앉아 있는가?

장혜영 _ 정의당 국회의원

"밥 먹었어요?" 어색하게 건네던 인사말이었지만, 긴장감이 도는 현장에서 이종건 국장을 비롯한 연대인들과 7개월 한솥밥을 먹으며 너무도 자연스러워졌다. 지난날을 생각하며 책을 읽어가니 나도 모르게 눈앞에 맛깔스러운 한상차림이 펼쳐졌다. 그와 함께하며, 아주 사소한 관심과 소통에서 시작되는 연대의 힘을 알게 됐다. 궁지에 몰려 절망만 보이는 사람에게 다가와 더 이상 외롭지 않게 옆에 있어주고, 포기하지 않게 오롯이 편이 되어주는 것은 정말 큰 힘이 된다. 이 책에는 그렇게 힘이 되던 순간들이 음식과 함께 곳곳에 펼쳐져 있다. 그 순간순간의 힘들이 많은 곳에 전해져 세상 곳곳에서 아름다운 연대가 이어지고, 불평등한 사회가 조금씩 바뀌어가길 바란다.

윤경자 _ 본가궁중족발 대표

차례

농성장 철문 안쪽에서

굴을 까먹던 어느 겨울밤

1

° 시리게 추운 겨울, 석화 좀 까봤다는 사람과 한 무더기의 석화.

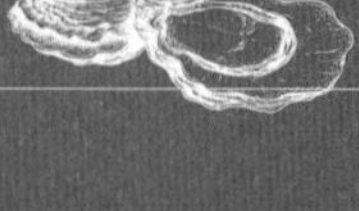

찬 기운 슬슬 오를 때면 여지없이 등장하는, 마트 한쪽에 자리한 봉지굴을 아시는지. 산소와 해수를 빵빵하게 채워 건드리면 터질 것 같은 봉지 안에 잘 발라 예쁘게 살만 남은 굴들이 있다. 두 봉씩 묶어 만 원도 되지 않는 돈에 가져와 초장에 찍어 먹는다. 폼 잡을까 싶으면 소금에 절인 무를 꽉 짜서 꼬들꼬들하게 만든 것에, 배와 미나리 등을 썰어 고춧가루 넣고 슬슬 무쳐 함께 먹어도 좋다. 생굴을 잘 삶은 돼지고기에 곁들이기만 해도 한 상 푸짐하다. 전을 부쳐도 좋다. 마트에서 두 봉 묶음을 사든 시장에서 한 주먹씩 퍼 주는 것을 사든 제철 맞은 굴은 비싸지 않으니 제 양껏, 취향 따라 해 먹으면 그만이다.

저렴한 수산물이지만 우리 식탁에 오르는 과정은 그리

가볍지 않다. 바다에서 1년 이상은 키워야 비로소 살이 오른다. 찬 바람에 단맛이 오르면 양식장 근처 굴막에 쪼그려 앉아 굴을 까는 사람들의 노동이 있다. 굴이 상할까 봐 난방도 못 하고 바닷바람 맞아 밖보다 더 추워진 굴막에 앉아 입김 불어 가며 하나하나 까는 노동이 있다.

지인의 이야기다. 고흥 굴 양식장 굴막에서 석화를 사 갈 요량이었다고 한다. 바쁘게 손질하고 계신 사장님에게 석화 좀 사겠다고 하니 전선에 줄줄이 달린 석화 한 줄을 그냥 주시더란다. 손질하는 값이 석화값이니 가서 손질해 먹으라고. 지금은 너무 바빠 손질할 시간이 없다며.

십 대를 강릉에서 보냈다. 교우들과 함께 조개를 잡으러 가 바닷속 모래를 발가락으로 살살 건드린다. 돌인지 조개인지 모를 까끌한 것이 발가락 끝에 간신히 닿는다. 잠수해서 긁어보면 여지없이 조개 몇 개가 모여 있다. 하루는 친한 권사님이 바위가 잔뜩 깔린 해변 구석으로 불러냈다. 바위에는 따개비며 우연찮게 걸린 미역이며 하는 것들이 너저분하게 널려 있었다. 자그마한 칼이었는지 쇠붙이였는지, 아무튼 무슨 도구 하나를 쥐여주고선 따개비처럼 조그마한 그런데 따개비보단 더 밝은 빛깔이 도는 것을 슬슬 긁어내라 하셨다.

그렇게 긁어낸 것 속에는 뽀얀 속살이 있었다. 내 인생 처음 먹어보는 석화다. 손톱만 한 크기로, 상품성이라곤 찾으려야 찾을 수 없는 야생의 굴이다. 바위 한가운데서 캤으니 민물로 씻을 수도 없다. 바위인지 껍질 가루인지 알 수 없는 것을 살살 털어내고 그대로 먹는다. 찡한 짠맛 뒤에 살며시 올라오는 우유 맛. 결국 직접 캤다는 그 얼치기 노동의 맛이 더해진 진한 기억의 맛이다.

서촌 궁중족발에서의 기억이다. 월세를 몇 배나 올린 건물주 앞에서 우리는 '궁중족발이 쫓겨나면 모두가 쫓겨납니다.' 한마디를 구호 삼아 싸우고 있었다. 두꺼운 철문 하나가 있었다. 철문 옆으로는 CCTV 화면이 송출되는 모니터가 있다. 모니터 화질로 철문 밖에 있는 사람이 누구인지 구분할 수 없으니, 반쯤은 장난으로 반쯤은 필요에 의해 암구호를 정하기도 했다. 철문을 두드리면 안에 있는 사람이 말한다. "상가법." 그러면 밖에 있는 사람이 "개정!"이라고 말하는 식이다. 묵직한 철문 여닫는 것이 서로 미안해서 화장실 가는 것도 괜히 신경이 쓰인다. 그렇게 불편한 환경인데도 밤이면 밤마다 궁중족발을 지키겠다며 사람들이 몰려들었다. 당번이야 정했지만 당번 아닌 사람이 더 많았다. 저녁 시간 잠시 들러 연대의 마음만 전할 심산으로 왔다가 주고받는 말들에, 오고 가는 잔 속에 마음이 놓여 그렇게 눌러앉은 사람이 한둘이 아니다.

이맘때였다. 찬바람 슬슬 불어오니 철문이 열릴 일은 더 없다. 옹기종기 온돌바닥에 모여 시간을 죽인다. 그 무료한 시간 사이로 누군가 철문을 쾅쾅 두드린다. 궁중족발 사장님이다. 당시만 해도 구 시장 건물이 남아 있었던, 노량진수산시장에 들렀다 오시는 길이다. 손에는 큰 아이스박스가 두 개인가 들려 있다. 활짝 열리지도 않는 철문 사이로 커다란 박스를 꾸역꾸역 들여보낸다. 파란색 테이프를 찍 하고 뜯어 뚜껑을 열어 보니 큼직한 석화가 한가득. 닫지 않은 철문 사이로 슬며시 들어오는 찬바람과 함께 제철 맞은 석화가 찾아왔다. 사장님은 덤덤하게 쪄 먹자고 하지만 그 속내가 이미 설레고 있다는 건 모두 알고 있다. 족발이 오르내리던 상에 커다란 찜기를 올려 석화를 잔뜩 깔았다.

예쁘게 잘 까져 있는 굴도 맛있고 편하지만, 다 같이 모여 석화를 쪄 먹는 일은 그 풍경부터가 남다르다. 먹어본 놈이 먹는다고, 석화 좀 먹어봤다는 몇 명이 손에 칼을 쥔다. 지금부터는 하나씩 까는 게 일이다. 굽든 찌든, 때 되면 입 벌리는 조개와는 다르다. 철문처럼 두꺼운 석화 껍질은, 틈을 보일 때 칼

수산시장에서 사온

질 좋은 석화를 모락모락 쪄

한입 넣으면,

가득 퍼지는

따끈한 바다 향.

을 넣어 쩍 하고 벌려야 한다. 까는 타이밍도 중요하다. 너무 오래 찐 것들은 통통했던 살에 육즙이 빠져 볼품이 없다. 입에 들어갔을 때 반쯤은 구이 같고, 반쯤은 숙회 같아야 한다. 그 타이밍을 잘 노려 껍질을 까면 탱글탱글하고 뽀얀, 체감상 손바닥만 한 알맹이가 나온다.

한입 넣으면 입안 가득 퍼지는 바다 향. 술 좋아하는 사람들은 넘기고 따르기에 바쁘다. 까는 사람은 접시에 놓느라 바쁜 것 같지만, 실은 제일 잘 쪄진 것 골라 그때그때 먹기에 바쁘다. 모두가 바쁘다. 술잔 돌아가는 소리, 연신 맛있다며 신이 나는 연대인들, 별것 아닌 것처럼 목장갑 끼고 턱턱 석화를 까는 사장님의 뿌듯한 표정, 여전히 산더미처럼 쌓여 있는 설레는 석화 무더기.

> 결국 석화는 까는 맛이다. 까면서 시간이 비니까, 얘기 나누는 맛이다. 이건 알맹이가 크네, 요건 별로네 하며 안줏거리 하는 맛이다.

내가 깐 걸 다른 사람이 배부르게 먹는 맛도 있고, 배려받는 것에 감사한 맛도 있다. 연기 모락모락 오르는 찜기 옆에 있으니 추운 줄도 모르겠다. 먹다 지친 이가 기타를 꺼내 튕기기도 하고, 그대로는 못 먹겠다며 초장 푹 찍어 달고 매운맛에 몇 개를 더 먹는 이도 있다. 그저 안주로 하겠다며 끝까지 자리를 지키는 술꾼들과 피곤해서 먼저 누운 이들, 그 모든 소리 사이로 농성하는 이들의 밤이 깊어만 간다.

이제는 그 석화를 떼 올 옛 시장도 없다. 석화를 팔던 이는 물대포와 소화기 분말을 맞으며 농성을 한다. 이제는 밤을 새워 철문 앞 CCTV를 쳐다볼 일도 없다. 궁중족발은 홍은동에 새 둥지를 틀었다. 연대의 밥상을 그렇게 또 한 차례 지나 보낸다. 어떤 밥상은 일상을 되찾아 열심히 노동하는 이의 피와 살이 되기도 하고, 또 어떤 밥상은 여전히 천막 아래 반찬 몇 개와 소주로 쓴 마음 달래며 먹먹한 밤을 보내는 힘이 되기도 한다.

장을 보는데 여전히 굴이 싸다. 생각나서 사왔는데 양이 많아 다 먹지도 못한다. 시장에서 사려고 하면, 담아주는 양이 많아 망설여질 정도다. 푹푹 떠서 비닐에 담아 쥐어주니 이 굴이 어디 하늘에서라도 떨어진 것만 같다. 석화는 그나마 발라 먹는 수고라도 있어서 귀하고 맛있구나 하는데, 똑같은 굴이

어도 누가 발라낸 것이면 괜히 싸구려인 것 같고 아무렇게나 먹어도 될 것 같다. 그렇게 퍼먹다 미처 못 발라낸 껍질을 씹을 때면 문득 생각이 난다. 아, 사람의 손으로 발라냈구나. 산더미 같은 석화를 가져다가 그 추운 굴막에 앉아 누군가가 굴을 깠구나. 굴 하나에 너무 많은 이야기가 있어 벅차다. 냄비에 물 자작하게 넣고 석화 조금 떼어다가 삶아 먹고 싶다. 아마 그 맛은 아닐 거야.

누군가의 속을 달래고 있을

아현동 '작은 거인'의 잔치국수

2

- 노란 봉투의 옛날 소면을 쌓아두고 있다면 검증된 맛집.
- 김 서린 주황색 천막과 다닥다닥 붙은 플라스틱 의자들.
- 마지막으로 '스텐 그릇'에 담겨 나오면 합격.

주일예배가 끝나면 여지없이 국수 한 그릇이었다. 들통에 잔뜩 끓여놓은 멸치육수가 무섭게 김을 뿜어낸다. 고명은 애호박볶음에 김 가루. 소면이 담긴 그릇을 가져다가 줄을 서면 깊게 팬 국자에 가득 담긴 국물이 스텐 그릇에 쏟아지며 살짝 불어 달라붙은 소면 사이를 뜨겁게 데운다.

이곳은 식당이 아니다. 테이블마다 양념장이 따로 놓여 있길 기대하는 사람은 없다. 커다란 수저통 옆에 있는 플라스틱 통에서 양념장을 떠다가 자리에 앉아야 한다. 적게 넣으면 싱겁고, 많이 넣으면 짜다. 뒤로 길게 늘어선 줄 사이로 들어가 부족한 양념장을 덜어 오거나 국물을 더 달라 말하기는 영 어렵다. 멈칫하는 것도 잠깐, 감을 믿기로 한다. 양념장 한 숟갈을 크게 떠 면 위에 얹고 자리에 앉는다.

아무렇게나 담긴 면을 젓가락으로 슬슬 건드려 풀어 헤친다. 젓가락질을 할 때마다 고명을 얹을 필요는 없다. 후루룩 면을 넘기다 보면, 애호박이니 지단이니 김 가루니 하는 것들이 걸려 넘어온다. 그렇게 얻어 걸린 고명과 국수를 씹어 넘기다 목이 막히면 국물을 마시고, 질린다 싶으면 김치를 얹어 먹는다. 수다를 떨든, 오가는 사람마다 한 명 한 명 인사를 하든, 국수 한 그릇 먹는 건 금방이다. 남은 국물과 고명, 젓가락질에 잘려 나간 국수 건더기를 한입에 들이켜고 일어난다. 회전율이 생명인 교회 식당에 제격인 음식, 잔치국수다.

비빔국수, 간장국수, 칼국수, 어묵국수… 국수 이름은 참 다양하다. 이름 붙인 경위도 대충 알 만하다. 잔치국수는 가장 기본이 되는 국수다. 그냥 국수라 불러도 좋았을 것이고, 멸치국수라 해도 괜찮을 텐데 '잔치국수'라 불러야 익숙하다. 만드는 일이 간단하지도 않다. 집에서 끓여 먹을라치면 어쩐지 육수 맛이 부족하고, 간이나 맞추는 용도인 줄 알았던 양념장은 비빔국수 양념만큼 재료가 들어간다. 지단에 애호박볶음은 간단해 보이지만, 막상 부엌에 서면 막막함과 귀찮음이 몰려온다. 거기에 소고기 볶은 것까지 올라가는 푸짐한 한 그릇을 원

한다면 일은 더 복잡해진다. 저렴하면서도 수고로운 음식이다. 먹는 입이야 간단하겠지만.

국수는 원래 귀한 음식이었다. 고온 다습한 한반도의 기후에는 밀 농사가 적합하지 않아서다. '잔치국수'라 부르게 된 연유도 아마 특별한 날에 먹는 음식으로 '밀국수'가 존재했기 때문일 것이다. 그랬던 국수가 미국의 원조로 밀가루가 흔해지면서 서민 음식으로 자리 잡았다. 비슷한 시기에 먹고살기 어려웠던 농촌 사람들이 서울로 모여들면서 생존을 위한 음식 장사를 시작했다. 바야흐로 노점상 전성시대다.

저렴하게 유통되는 밀가루는 떡볶이, 어묵, 튀김이 됐다. 특별한 기술 없이도 만들 수 있는 간단한 음식들은 지친 마음들 달래주는 값싼 위로였다. 거리에 즐비한 노점상들은, 서울로 몰려들어야만 했던 가난한 인구의 끈질긴 생명력과 호주머니 가벼운 도시 사람들의 배고픔이 만나 그려낸 도시의 풍경이다. 국수는 그 풍경화 한쪽에 자리 잡고 있다.

늦은 밤 광화문 거리를 지나다 '짜장면' '우동'이라 써 붙인 포장마차를 만난 적 있는지. 거나하게 술을 마시고 들어가는 길에도 어쩐지 허해서 국수 한 그릇을 찾고, 헤어짐이 못내 아쉬워 다음 날 숙취를 달랜다는 명목으로 둘 또는 셋이 앉아

잔치국수는 저렴하면서도

수고로운 음식이다.

먹는 입이야 간단하겠지만.

국수 한 그릇에 결국 또 소주를 한 병 시키고야 마는 술꾼들의 새벽 안주. 그중에서도 제일은 애호박 고명 푸짐하게 올려 따뜻하게 속을 달래는 잔치국수다.

아현역 인근에는 오래된 아현 포차 거리가 있었다. 포차 거리가 철거되고 지금은 무심한 화단만 잔뜩 놓여 있는 그 길은 40년 전만 해도 쓰레기 집하장이었다. 난지도 쓰레기 매립장이 생기면서 쓰레기들이 자리를 옮기자, 아현시장 인근에서 리어카를 끌고 분식을 팔며 장사하던 상인들이 거리를 청소하고 하나둘 자리를 잡아 포차 거리를 만들었다. 지저분했던 거리에 포차가 생기니 구청장까지 와서 축사했다는 옛이야기를 당시 사장님들께 전해 듣는다.

시장을 오가는 사람들, 아현동의 가난한 주민들, 주머니 가벼운 학생들을 주고객으로 삼아 30년을 장사했다. 동네가 재개발되면서 오랜 단골들은 이 거대한 도시 곳곳 가난한 동네로 쫓겨나듯 흩어졌다. 빈자리에는 커다란 아파트 단지가 들어선다. 마을버스 다니는 동네는 후져 보인다며, 집값 걱정에 버스 노선까지 민원으로 없앤 살뜰한 새 이웃이다. 포차 거리가 기꺼워 보일 리 없다. 여느 날과 같았던 어느 새벽 6시, 구청 직원과 용역을 동원한 강제집행이 있었다. 30년간 자리를 지켜온 포차의 얇은 합판이 포클레인질 한두 번에 모조리 무너진다. 나뒹구는 식기 사이로 늙은 상인의 비명과 울음소리가 들린다. 그날은 밤을 지새운 술꾼도 없다. 철거는 짧았다.

> 그대로 쫓겨날 수 없었던 상인들과 예배를 드렸다. 십자가를 선두에 두고 떼제Taizé 찬양을 부르며 아파트 단지를 행진했다. 창문을 열고 소리 지르는 사람도 더러 있지만, 대부분은 무거운 침묵으로 일관한다.

그 침묵의 밤을 찢는 소리가 있다. 조용한 떼제 찬양 사이 목청껏 외치는 '작은 거인'의 목소리다. 욕지기를 쏟아내기도 하고, 하소연하기도 한다. 누구도 대답하지 않는 밤, 찢어지는 목소리만 메아리쳐 되돌아온다.

작은 거인은 아현동에서 오래 장사했다. 매콤한 곰장어볶음도 좋고, 질 좋은 국내산 생삼겹을 사다가 그때그때 볶아주는 삼겹살볶음도 인기였다. 손님들이 얼큰하게 취할 때면 덩달아 기분이 좋아 찬송가며 가요며 구성지게 불러 단골들이 좋아했다. 그 옛날, 주머니 가벼운 학생으로 안주 하나에 소주 여러 병 먹던 아이들이 부모가 되어 찾아와 10만 원씩 쥐여주곤 했단다. 그 재미에, 또 가난한 자녀와 손녀를 부양하기 위해, 낮이면 장을 보고 저녁이면 가게 문을 열었다.

육·해·공 아우르는 '안주 일체'를 내놓았지만 가장 인기 있던 것은 한 그릇 잔치국수다. 몇 년 만에 찾아오는 반가운 옛 단골들도 어김없이 잔치국수를 찾는다. 예배 후 아파트 단지 행진까지 함께하느라 지친 연대인들에게 내놓은 음식도 임시로 마련한 포차에서 끓인 잔치국수다. 가끔 라면이 먹고 싶어 주문하기라도 하면 어김없이 크게 혼나며 국수를 먹게 된다. 단골과의 오랜 인연이 자랑인 작은 거인의 인생에서 잔치국수는 부정할 수 없는 일등 공신이다.

좋은 멸치를 사다가 다시마와 함께 끓인다. 깔끔한 맛이 생명이라며 양파는 껍질을 다 까서 넣고, 남들 넣는 파 뿌리는 국물이 지저분해진다며 넣지 않는다. 마늘 몇 알도 넣어 준다. 육수가 팔팔 끓는 동안 양념장을 준비하면 된다. 미리 만들어 냉장고에 숙성하면 더 맛있겠지만, 집에서 따라 한다면 그럴 여유가 없으니 흉내만 내보자. 깊은 맛을 내기 위해 간장도 두 가지를 쓰는 게 좋다. 감칠맛 나는 몽고간장에 조선간장을 섞는다. 약간의 참기름이 필요한데 시중에 파는 것 말고 방앗간에서 짜 소주병에 담아 파는 참기름을 써야 맛이 있단다. 깨소금과 다진 마늘을 넣고 고추를 얇게 썰어 넣는다. 고춧가루는 꼭 굵은 것을 쓴다. 고운 것은 양념장이 되직해져 좋지 않다나.

작은 거인의 잔치국수에서 가장 중요한 것은 '꾸미'다. 북한말이라고 하는데, 이전에는 들어본 적이 없다. 사전에서는 '국이나 찌개에 넣는 고기붙이'라 하고, '고명'의 사투리가 꾸미라고 하는 사람도 있는 것 같다. 소고기 간 것을 사다가 기름에 달달 볶는다. 겉면이 갈색이 될 때쯤 소금, 간장, 미원을 넣고 졸이듯 볶으면 작은 거인표 꾸미 완성이다. 양념장은 양껏 먹어도, 꾸미는 올려주는 만큼만 먹자.

지금부터는 쉽다. 애호박을 볶고, 달걀 지단을 부쳐 고명을 만든다. 육수 옆 화구에 불을 세게 올려 물을 끓인다. 국수 양은 알아서. 500원 동전 하나 만큼이 1인분이라던데, 포차에서는 500원짜리에 50원짜리 하나 더 얹은 양을 1인분으로 친다. 오래전부터 써온 노란 봉투에 든 옛날 소면을 넣고 끓인 뒤, 찬물에 헹궈 탱글탱글한 면발을 만든다. 면을 예쁘게 담아 국물을 붓고 한쪽에 지단과 애호박볶음, 가운데에 꾸미를 올린다. 김 가루는 국물에 풀어질까 봐 손님상 내기 직전에 올려 숨을 살렸다. 백반 메뉴가 있으니 잔치국수 반찬도 남다르다. 미역에 초장, 무말랭이와 고추장아찌를 곁들였다. 배추김치는

몇 년 만에 찾아온 반가운 옛 단골들과

강제집행을 함께한 연대인들,

그 모두를 먹이는

작은 거인의 넉넉한

한 그릇 잔치국수.

당연하고.

그렇게 한 그릇을 먹으면 아, 배가 부르다. 들어갈 배가 없는데 자꾸만 더 먹으라 한다. 끓여놓은 동태찌개가 있다며 밥 한 숟갈만 더 하란다. 한 공기 같은 한 숟갈에 찌개를 받으면, 결국 백반 한 상이다. 그래 놓고 국숫값만 받으면 나는 미안해서 어쩌나. 어쩌긴 뭘 어째, 다시 와야지. 다 큰 그림이다.

얼마 전, 작은 거인은 임시로 운영하던 포차를 접고 아현시장의 임대료 싼 가게를 구해 들어갔다. 돌고 돌아 다시 아현동으로 가시냐 했더니, 그래서 아현동이란다. 모질었던 동네를 잊지 못해 30년 장사하다 하루아침 민원에 쫓겨났던 그 동네서 다시 국수를 삶는다.

시장을 오가는 아파트 주민들은 밤마다 찢어지듯 소리치던 그 목소리를 기억하고 있을까. 행진이 끝나고 다 같이 둘러앉아 먹었던 잔치국수는 30년간 지켜온 레시피 그대로 아현동 식탁과 주안상에 오를 것이다. 연대의 밥상은 그렇게 한 차례를 또 지나 보낸다. 연대인들은 단골이 다 됐고, 민원을 넣던 이들은 멋모르는 손님이 될 것이다. 다만 한 그릇 잔치국수는 뜨겁게 끓어 다시 누군가의 속을 달랠 것이다.

철거된 수산시장과 겨울 회,

이대로 지워지면 안 되는 존재들

3

- 철 따라 수산시장 찾을 성실한 동료들.
- 단골이 될 용기와 약간의 뻔뻔함.
- 제철 해산물과 시세를 미리 체크해놓는 센스까지 구비!

차에서 내리니 찬 공기 사이로 비릿한 냄새가 훅 올라온다. 좋게 말해 바다 내음이지, 실상은 잠이 확 깨는 냄새다. 분주한 아침을 맞는 주문진수산시장에 도착했다. 물웅덩이 피해 걷다 보면 아침 공기와 섞인 비린내도 익숙해져 그새 친근하다. 붉은 플라스틱 바구니에 거대한 문어가 터줏대감처럼 몸을 누이고 있다. 예쁜 색깔의 홍게는 노려보듯 정면을 응시하며 긴 다리로 이리저리 움직인다. 광어며 우럭이며 익숙한 생선, 이름 모를 못난 생선들과 온갖 해산물들을 구경한다.

아끼던 캔버스화가 질척거리는 바닥에 젖어도 더 이상 신경 쓰이지 않는다. 몸은 이제 이불의 기억을 완전히 잊고, 이른 아침 수산시장의 활기를 따라 들뜨기 시작한다. 아버지는 지체 없이 단골 가게를 향한다. 작은 발이 바쁘게 뒤를 따른다. 사장님과 아버지는 너스레 떨며 인사를 주고받았다. 얼마간 쥐여드리고 아침으로 준비한 매운탕에 숟가락을 얹는다. 매운탕 맛을 모르던 시절이지만, 파고드는 바닷바람을 등지고 목구멍 넘어가는 뜨거운 국물의 맛은, 어쩐지 납득이 간다.

짧은 식사인지, 긴 안부 인사인지 모를 시간이 지나고, 문어며 홍게며 잔뜩 지고 비로소 귀갓길이다. 그렇게 사온 해산물은 금방 쪄서 등교하기 전 아침 식탁에 올라 맛을 볼 수 있다. 문어의 담백함은 영 생소했다. 맛을 모르니 초장에 푹 찍어 질겅거리다 뱉는다. 그 맛을 아는 데 한참 걸렸다.

수산시장에 가서 해산물을 사는 일은, 마트에 가서 포장된 물건을 집어오는 것하고는 완전히 다른 경험이다. 비린내가 익숙해져 바다 내음이 되는 시간, 밑단이 긴 바지와 신발을 포기하고 질척이는 바닥에 몸을 맡기게 되는 시간, 굳이 하지 않아도 될 말과 듣지 않아도 될 말이 오가며 서로를 탐색하는 시간, 냉동이 아닌 생물을 골라야 한다는 부담감과 제시된 금액이 적절한 것인지 깎으려 하는 시도가 무례한 것은 아닌지 내적 저울이 몇 번이고 흔들리는 시간을 보내고 나서야 비로소 계산을 할 수 있다. 물론 현금이냐 카드냐의 문제가 남아 있지만. 그럼에도 수산시장을 찾는 발걸음은 끊이지 않는다. 번거롭고 수고로운 과정은 거대한 수산시장의 일원이 되어 신선한 해산물을 골라 그 자리에서 회를 뜨거나, 찜을 해서 먹을 수 있는 특권을 얻기 위한 통과의례와 같다.

매운탕 맛, 문어 맛 모르던 작은 인간은 빠르게 자라 제철 해산물을 그때그때 먹지 않으면 입에 가시가 돋는 까다로운 대형 인간이 되었다. 서울 자취생이 쉽게 접할 수 있는 해산물이라고는 동네 횟집에서 파는 조그마한 광어, 우럭이 전부다. 씨알 작은 생선으로 한 접시를 내놓아야 하니 복어처럼 얇게 썰어 천사채가 비칠 정도다. 저렴하기야 하지만 날 잡고 먹는 회 한 접시인데 섭섭하게 먹고 싶지는 않다. 친구들 여럿 모아 노량진수산시장으로 향한다.

생선은 클수록 맛있다. 작은 것 여러 마리 잡아 한 접시 채우는 것보다, 애초에 큰 생선을 잡는 것이 낫다. 그러니 인원이 많은 편이 유리하다. 짐짓 익숙한 척, 동료들과 함께 시장의 문턱을 넘어 미리 알아본 가게를 찾는다. 수백 개 점포가 즐비한 시장에서 원하는 가게를 찾아가는 것도 일이다.

"대광어 주세요." 말하니 숙성해둔 커다란 순살을 꺼낸다. 동네 횟집하고는 비교 안 될 두께로 썰어준 광어와 서비스로 딸려온 멍게·해삼의 고운 빛깔. 현금도 미리 뽑아왔겠다, 의기양양 지갑에서 돈을 꺼내 계산한다. 이제 먹는 일만 남았다. 자릿값만 받고 요리해주는 식당들이 시장 구석구석 숨어 있다. 그 식당들을 '초장집'이라 한단다. 일하시는 분의 안내를 따라 굽이진 골목을 걷는다. '여기에 식당이 있다고?' 하는 생각이 들면 정답이다. 딱 그즈음 조명을 환하게 밝힌 초장집이 등장한다.

지금부터는 익숙한 장면이다. 테이블에는 비닐이 깔려 있고 간단한 반찬들이 나온다. 회를 썰고 남은 서덜은 주방에 들어가 매운탕이 되고, 포장해온 회와 해산물들은 비닐을 뜯어 그대로 상에 올린다. 안주 삼는 사람들은 두꺼운 한 점에 고추냉이 올려 간장 찍어 먹고, 배고픈 사람들은 상추에 회를 두 점 올린 뒤 마늘에 쌈장 푹 찍어 싸 먹는다. 회가 모자라도 괜찮다. 수산시장 서덜은 광어 시켰다고 광어뼈만 싸주는 법이 없다. 운이 좋다면 커다란 참돔의 머리와 큼지막한 살덩이 두어 개가 딸려 온다. 라면 사리 넣어서 끓인 매운탕에 밥 한 공기씩 먹으며 수다를 떤다.

당당히 수산시장의 통과의례를 거친 나와 동료들은 철마다 시장을 찾기 바빴다. 봄이면 도다리 회가 맛있고, 여름 바겨울 회 한 접시를 먹기 위해 수산시장에 간다.

비린내가 익숙해져 바다 내음이 되는 시간,

밑단이 긴 바지와 신발을 포기하고

질척이는 바닥에 몸을 맡기게 되는 시간,

굳이 하지 않아도 될 말과 듣지 않아도 될 말이 오가며

서로를 탐색하는 시간들.

다에 먹을 것 없다지만 민어가 별미고, 가을이면 전어가 철이다. 그리고 마침내 겨울이 오면 횟감의 전성기다. 물이 찰수록 좋다. 제철 없이 맛있다는 국민 횟감 광어도 못 먹어본 맛이 되고, 물회에나 넣던 숭어도 추운 겨울나기를 위해 한껏 살이 올라 우스갯소리로 "겨울 숭어 앉은 펄도 달다." 한다. 그중 제일은 겨울이면 동해안 북쪽에서 제주도 남단으로 내려오는 거대한 방어다. 따뜻한 물 찾아 제주도 최남단 모슬포항까지 내려온 기름진 방어는 크기부터가 남달라 즐기는 부위도 여러 가지다. 이 방어가 좋아, 겨울이면 큼지막한 대방어 들여놓는 집 찾아 기꺼이 지갑을 여는 사람들과 함께 노량진을 향했다.

그렇게 수산시장의 일원이 되고, 단골이 되었건만. 몇 년 뒤 노량진수산시장이 철거된다는 소식을 듣게 된다. 부리나케 달려갔다. 이미 여러 차례 용역이 지나가 몇 가게는 집기가 다 부서져 있다. 관광객인 척 버스 몇 대가 들어오기에 시장 안쪽까지 주차를 안내했더니 용역이 우르르 내려 집기를 부수고 나갔다는 얘기도 들었다. 폭력적인 철거를 규탄하는 집회가 열리고 있었고, 가게 찾아 헤매던 공간에는 발언과 공연을 할 수 있는 단상이 설치되어 있다. 준비도 안 된 상태에서 갑자기 발언을 부탁받아 마이크를 잡고 올라간다. 단상 위에서 보니 익숙한 얼굴이 있다. 회를 두껍게 썰어주던 단골집 사장님이다.

> "봄이면 도다리, 여름이면 민어, 가을이면 전어를 먹으러 오던 곳입니다. 그리고 이제 겨울입니다. 제철 방어를 먹어야겠습니다."

주저리주저리하다 그렇게 말하고 내려온다.

지금은 철거된 옛 노량진수산시장 건물을 지키기 위해 새벽녘 모인 동료들이 있었다. 사방이 뚫린 거대한 시장, 트럭에 판자때기를 가져다 놓았지만 전부 막을 수는 없다. 반쯤 폐허가 되어 스산한 분위기여도 여전히 옛 시장을 찾는 손님들이 있어 샛길을 내놓았다. 그 샛길로 용역들이 들이닥친다. 손님이었던 연대인과 사장이었던 철거민이 팔을 엮어 스크럼을 짜 용역을 막는다.

한 차례 폭력이 지나고, 서로의 안부를 묻는다. 아침 식사를 하고 가라 하셔서 따라가보니 초장집이다. 손님용으로 내놓는 것이 아니다. 막회처럼 숭덩숭덩 썰었지만 질 좋은 생선들, 살덩이가 큼지막하게 들어간 매운탕과 집에서 가져온 반찬들이 식탁 위에 한가득이다. 아직 수조가 남아 있는 가게에서 몇 마리씩 내놓아 차려진 연대의 밥상이다.

사람 사는 일에도 철이 있을까? 철 따라 사라지는 산업도 있고, 직업도 있고, 공간도 있다. 그걸 두고 자연스럽다 말하는 사람들은 사시사철 외로움도 없고, 잃어버리는 것도 없이 그렇게 단단한가 보다. 월세를 더 받기 위해, 말짱히 장사하던 공간 철거하더니, 모두를 수용할 수도 없는 겉만 번지르르한 건물을 지어놓고 꾸역꾸역 들어가란다. 그런데 그것도 알고 보니 무슨 카지노 리조트를 짓겠다는 개발 욕심이었단다. 그렇게 쫓아내고 빈 자리, 언제 지어질지 모르는 리조트가 들어설 거대한 공터는 추위에 땅만 딱딱하게 굳어 있다.

차라리 직업이 없어지면, 사람도 없어지면 좋겠다. 시장이 개발되어 사라지면, 사람도 없어지면 좋겠다. 철 따라 공간도 사라지고 사람도 없어지는 것이 너무나도 당연해서 그 빈자리에 사람이 남아 비명 지르는 불편한 장면 보지 않고, 그렇게 함께 사라지면 좋겠다. 그러나 삶은 그렇게 사라질 수 있는 종류의 것이 아니어서 포클레인이 부수는 시장을 보며 제 살이 패인 듯 비명을 지르고, 한겨울에 물대포를 맞아 저체온증에 발발 떨어도 핫팩에 마른 수건 붙잡고 일어나 다시 악다구니 내뱉고, 소화기 뿌려대는 통에 앞뒤 분간 못 해도 바닷물에 주름진 손이 명패인 것처럼 더듬어 확인하고는 꽉 붙잡는다.

연대의 밥상은 아직 아무것도 지나 보내지 못했다. 노량진역 1번 출구 앞, 이렇게 지워질 수 없다며 몸부림치는 그 상인들이 있다. 결국 흔적 없이 사라지는 것은 아무것도 없다.

밖으로 내던져진 족발집 씨간장,

새 문을 열고 다시 끓다

4

- 간장에 각종 향신료를 더해 돼지고기와 함께 끓여본다.
- 집안 가득 간장 향 가득하지만, 결국 스쳐가는 냄새다.
- 어떤 성실함에 기대, 지금도 끓고 있는 여느 족발집의
간장만큼은 흉내 내기 어렵다.

자취방에는 김치를 잔뜩 쟁여놔도 소용이 없다. 중고로 산 누리끼리한 냉장고 한쪽에 자리한 김치통은 시간의 맛을 제대로 살리질 못한다. 신김치를 좋아한다지만 금방 물러 터지고, 군내 좋아한다지만 어쩐지 애매해져선 이도 저도 아닌 것이 되어버린다. 세상에 나쁜 김치는 없다고, 그냥 먹기 껄끄러운 김치도 끓여 먹으면 맛있다는 얘기를 들었다. 해 먹는 일이 어색하던 시절, 자취생 속도 모르고 잔뜩 챙겨주신 교회 김치로 어설프게 김치찌개를 끓였다. 돼지고기, 파, 마늘에 김치 국물도 몇 국자 떠서 넣는다. 그래도 어쩐지 맛이 빈다. 본능적으로 진간장을 한 숟가락 넣고 맛을 봤다. 이제야 내가 알던 김치찌개 맛이다. 그 후로 자취방 식단이 제법 그럴싸해졌다.

국물에는 국간장을 넣는 것이 좋다는 점도 알게 되고, 마트 진열대에 놓인 열 가지 넘는 간장 종류를 두려워할 필요 없다는 사실도 알게 되었다. 친절한 기업이 우리네 식탁을 살뜰히 살펴 골고루 빼먹는구나 싶을 정도로 용도에 따라 다양한 간장이 구비되어 있다. 메주와 소금으로만 만들어 발효가 오래 걸리고 쿰쿰한 조선간장, 밀이나 보리 따위를 섞어 발효 시간을 줄인 양조간장과 조림간장, 진간장 등등. 똑같아 보여도 그 맛이 다 제각각이다. 나물 무치는 데 쓰는 것 다르고, 국 끓이는 데 쓰는 것 다르다. 뭘 골라야 하는지 몰라, 냅다 진간장만 집어오던 시절은 지나 보냈다. 한 숟갈 들어가는 간장은 요리에 한 꺼풀, 맛의 층위를 더한다. 단순했던 것은 다양해지고, 애매했던 것은 분명해진다. 간장의 쓰임을 알고 나서야 해 먹는 재미가 생겼다.

2016년 여름, 자취방을 친구에게 부탁하고 생필품과 십자가만 챙겨 여관방으로 들어갔다. 철거를 앞둔 옥바라지 골목, 그중에서도 사람 두 명 겨우 지나갈 법한 좁은 골목 한편에 위치한 구본장여관 301호다. 철거 예정 전날 밤, 방마다 사람이 가득 찬다. 새벽이 되니 좁은 골목을 가득 메울 만큼의 사람이 모였다. 용역이 발 디딜 틈도 없어 보여 노트북과 예마트에 가면 간장이 여러 종류다.

다 똑같아 보여도

그 맛과

쓰임은

제각각이다.

배용으로 챙겨온 십자가를 301호에 그대로 두고 나왔다. 그 날 철거는 불가능할 것처럼 보였다. 아침이 되고 용역들이 들이닥쳤다. 크레인과 소형 포클레인이 동원되었다. 하늘에서부터 용역들이 내려왔다. 땅에서는 소화기와 손에 쥔 벽돌이 무기다. 콜록거리는 사이, 사람들은 물건인 양 골목 밖으로 던져졌다.

아무것도 챙기지 못한 채 그대로 쫓겨났고, 구본장여관에 다시는 들어갈 수 없었다. 김포 어디 창고로 옮겨져 여름 내내 컨테이너에 갇혀 있던 노트북과 십자가, 여관 집기들은 몇 달이 지나서야 되찾을 수 있었다. 대부분 망가지거나 상해서 버려야 했다. 십자가 하나만 온갖 집기들 맨 위에 떡하니 올라 뜨겁게 달궈지기만 했을 뿐.

언제 철거가 될지 모르는 공간에선 사람과 집기에 짧은 유통기한이 있다. 사람이 먼저라더니 과연 가장 먼저 철거당해 쫓겨나고, 멀쩡하게 사용하던 집기는 폐기물처럼 부서지거나 압류되어 경매에 부쳐진다. 그 모든 일은 철문 하나를 두고 불법과 합법, 시민과 철거민으로 경계 지어져 삽시간에 이루어진다.

여기 한 족발집이 있다. 열 몇 차례의 강제집행이 있었다. 처음에는 철문이나마 열어두고 장사를 했지만 그것도 잠시, 영업시간에 들어와 사람을 끌어내니 문을 걸어 잠가 숨을 죽인다. 펄펄 끓던 솥이 멈췄다. 족발 장사를 시작한 지 9년, 휴가도 한 번 못 가고 썰어냈으니 하루 이틀 이상 방치된 적이 없는 간장이다. 전국 마트를 다 돌아다녀도 찾을 수 없는 유일무이한 간장. 그 간장을 두고 '씨간장'이라 한다. 똑같은 재료를 넣고 다시 끓여도 흉내 낼 수 없는 세월의 맛이다. 전부를 잃어도 다시 시작할 수 있는 근본이 되는 맛의 시작점이다. 장사를 한 지 몇 년 되지 않았을 때, 기껏 만든 씨간장을 센 불에 끓여 태운 적이 있단다. 다시 끓여도 그 맛이 나질 않으니 족발 노포를 찾아가 사정해 겨우 씨간장을 받아왔다. 그걸 또 몇 년을 끓여 지금의 씨간장이 만들어졌다.

그 간장이 끓기를 멈췄다. 언제 다시 족발을 삶게 될지 기약이 없었다. 차게 식은 간장은 젤라틴처럼 굳기 시작했다. 족발을 삶아왔던 간장이니 육수가 엉켜 굳는 것이다. 그렇게 굳은 간장을 잘 터지지 않는 김장 봉투에 옮겨 담았다. 들통 하나만큼의 간장이다. 봉투에 가득 찬 씨간장을 냉동실에 넣고 꽝꽝 얼려 집으로 옮겼다. 반드시 가게를 지키겠다는 다짐과 어쩌면 지키지 못할 수도 있겠다는 현실감각 속에 구출된 한 봉지의 씨간장. 9년의 시간은 그대로 얼어붙어 봉인되듯 냉장고에 들어갔다. 이후 가게를 잃게 되기까지 몇 개월…. 석화도 먹고 김치찜도 먹고 보쌈과 잔치국수, 온갖 음식이 주방을 거쳐 연대의 밥상에 올랐지만, 족발만큼은 구경할 수 없었다. 두꺼운 철문을 열고 들어가면 옅게나마 남아 있는 족발 냄새가 아련했다.

한참의 시간이 지났다. 족발집 사장은 재판정을 제집 오가듯 하고, 연대를 가던 이들은 발만 동동 구르며 사라진 가게에 다시 간판이 걸리길 간절히 기도했다. 그러는 사이 냉동실에 웅크린 씨간장은 온갖 맛을 속에 품고는 살지도 죽지도 못한 채 다시 끓기만을 간절히 기다리고 있었다.

마침내 홍은동에 쨍한 빨간색 간판이 걸렸다. 이전에 쓰던 것과 똑같은 디자인이다. 개업 예배를 준비한다고 미리 들러본 새 가게는 간판 빼고 모든 것이 다르다. 그릇도 스테인리스 주방도 냉장고도 모두 새것이다. 경매로 팔려 남은 것이 없으니 다 새것일 수밖에 없다. 두꺼워 잘 열리지 않던 철문도 이제는 필요가 없다. 활짝 열리는 새 문을 열고 들어간다.

그 모든 것 중에 변하지 않은 하나. 다시 끓기 시작한 달큰한 간장의 냄새다. 족발 냄새라고도 할 수 있겠지만, 실은 간장의 냄새다. 얼었던 것을 녹여 온갖 재료 넣고 다시 팔팔 끓인 뒤 족발에서 나오는 육수와 섞여 기분 좋게 가게를 감싸는 간장의 냄새다. 9년을 끓다 멈췄던 씨간장의 여정이 다시 시작되었다.

우리는 곱창같이 버려진 것들의

몸부림에 빚을 지고 산다

5

- 철판 위 감자, 인내를 갖고 가능한 한 오래 지켜만 보자.
- 곱창 기름에 튀기듯 구워진 감자가 별미.
- 번들거리는 철판 위, 뭔들 맛이 없을까?

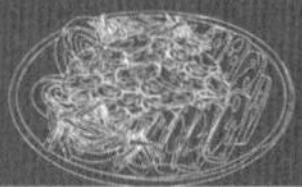

호루몬 야키소바, 첫 곱창의 기억이다. 난생처음 홀로 여행을 떠났는데 그게 오사카였다. 가이드북을 밑줄까지 그어가며 세 번은 정독했다. 간단한 일본어를 배웠고, 지도에 맛집과 신사, 오래된 성당을 깨알같이 표시했다. 그것도 모자라 모든 내용을 프린트해 고이 접어 여행 가방 깊숙한 곳에 넣어뒀다. 긴장과 설렘으로 정신없는 첫 홀로서기 여행. 모든 변수를 고려한 여행 계획은 정말이지 빈틈이 없었다.

문제는 잠깐의 일탈로부터 시작됐다. 전철을 타고 지나던 중 눈길 가는 역이 있어 내렸더니 신사에서 큰 축제가 열리고 있었다. 호주머니 가벼운 여행이니 저렴한 음식에 눈이 끌리기 마련, 편의점만 전전하다 갓 만든 음식을 동전 몇 개에 사 먹을 수 있다는 반가움에 백발 할아버지가 팔고 있는 볶음 국수 한 그릇을 얼른 집어 들었다. 급하게도 욱여넣었다. 질깃한 고기에 두툼한 국수 면발, 간장 향이 살짝 스친다. 그게 '호루몬 야키소바'다. 우리말로 하면 곱창볶음국수쯤 되려나. 그 곱창과 국수가 목구멍 따라 허겁지겁 들어가더니 이내 배 속을 괴롭히기 시작한다. 살살 아파오던 것이 걷잡을 수 없는 지경이 되어, 결국 여행하는 일주일 내내 창자를 긁는 듯한 고통을 버텨야 했다. 음식 냄새만 맡아도 오장육부가 아프다 비명을 지르는데, 첫 여행을 이리 허무하게 보낼 수 없다는 일념 하나로 음식을 입속에 집어넣었다. 먹고 토하기를 반복하는 미련함 속에 음식은 신념이 되었다.

'호루몬'은 오사카 방언으로 '버려진 것'이다. 거칠게 말하자면 '쓰레기'라고도 한단다. 살코기는 시장으로 가고, 내장은 버려졌다. 그 내장은 그대로 가난한 이들의 식탁에 오르게 된다. 오랫동안 차별받아 온 일본 부락민들, 전쟁 후 남겨진 재일 교포들이 이 버려진 것을 음식으로 만든 장본인이다. 가난한 사정을 지닌 가난한 식탁은 이내 별미가 되고 어느새 주류의 선택을 받는다. 버려진 내장에 한국식으로 양념을 해 숯불에 지져 호주머니 가벼운 일본인들을 상대로 장사하던 재일 교포들의 '야키니쿠'가 그 대표 격이라 해도 좋을 것이다. 신사 축제에서 멋모르고 사 먹은 값싼 곱창국수는 부락민들의 식탁에 뿌리를 두고 있을지도 모르겠다.

> 곱창은 버려진 것이고, 곧 버려진 이들의 음식이 되었다. 삶이 걸려 있다면 그것이 무엇이든 그렇게 쉽게 사라지지는 않는다. 살기 위해 발버둥 치던 이들은 버려진 것에서 단백질과 지방을 찾아 기어코 식탁을 차린다.

그저 살기 위해 먹는 것을 넘어 맛있게 먹기 위해 갖은 양념을 해 굽고 삶고 끓인다. 필요와 욕망 사이 어딘가에 호루몬이 정착했다. 누구도 그렇게 사라질 수 없다며 외치다 끝내 승리하듯, 곱창은 당당히 모두의 식탁에 오를 자격을 얻어냈다.

한국에서 소곱창을 먹는 방식은 둥그런 철판에 지글지글 굽는 것을 기본으로 한다. 경우에 따라 숯불에 구워 먹는 집도 있고, 초벌로 불맛을 입혀 내놓기도 하지만, 대부분에게 익숙한 소곱창은 둥그런 철판에 부위별로 예쁘게 담겨 푸짐하게 내놓는 모둠 한판이다. 저렴하지는 않다. 한우로 먹자 하면 월급이라도 타야 마음먹을 만큼의 가격이다. 그래도 서민 식탁과 멀지 않은 거리에 여전히 곱창이 있다. 최근에는 멀끔한 공간에 정갈한 분위기를 갖춘 집들도 더러 있는 것 같지만, 곱창 하면 가격과 상관없이 연기 자욱한 가게에 식탁 다닥다닥 붙어 있는 가게가 좋다. 노포처럼 벽지가 누레도 괜찮다.

철판에 오른 내장에서 기름이 뿜어지듯 나와 자작해진다. 이때 곱이 같이 나오지 않고 형태를 유지하면 신선한 것이다. 곱창집에서는 기름을 그냥 흘려보내는 법이 없다. 버려진 내장 하나 그대로 보내지 않고 알뜰히 먹었던 것처럼, 감자와 부추, 통마늘 따위로 철판을 한 바퀴 둘러 그대로 빨아들인다. 누룽지 만들 듯 바닥에 눌어붙여 구운 감자가 실은 이 요리의 메인이 아닌가 싶을 정도로 조연 역할을 톡톡히 해낸다. 염통 먼저 주워 먹고 각자 매력이 다른 대창·막창·곱창에, 여유가 있다면 특양을 추가로 시켜 먹자. 마무리는 곱창 기름에 비빈 볶음밥이 좋겠다.

겨울이었다. 점퍼를 입은 사장이 좁은 푸드트럭에 간이 의자 가져다 놓고 걸터앉아 곱창을 굽는다. 식당이 아니니 부추나 감자는 찾아볼 수 없다. 파는 것도 아니니 곱창, 대창, 염통 아낌없이 집어넣어 냄비가 가득 찬다. 굽기를 조절할 여건

그 값이 저렴하지는 않으나

서민의 식탁과 멀지 않은 곱창.

자글자글 구워지는 곱창을 보고 있노라면

어느새 마음까지 기름지는 것 같다.

도 안 된다. 냄비 가득 담긴 내장은 사장 손놀림 따라 조리되어 바로바로 썰려 나간다. 조용한 부촌 길 한구석을 차지한 푸드트럭과 의자들, 건물주 집 앞에 앉아 예배한 뒤 맞이한 식사 시간이었다. 사장은 부지런히 곱창을 구웠고, 예배하러 온 이들은 노상에 앉아 허겁지겁 곱창을 먹었다.

곱창 가게 우장창창이 겪어야 했던 일이다. 개업한 지 1년 반 만에 새로 들어온 건물주가 가게를 비워 달라고 통보했다. 결국 건물 한편 주차장에서 영업하는 조건으로 장사를 해야 했다. 2년이 지났다. 건물주는 가게를 빼라며 다시 으름장을 놓는다. 주차장에서 영업을 하니 민원도 빗발쳤다. 곱창집 사장은 처음 약속한 대로 주차장 공간의 용도 변경을 요청했지만 돌아온 것은 강제퇴거명령이다.

건물이 매물로 올라왔다. 팔렸다면 시세 차익으로만 40억 원이란다. 가게에는 펜스와 함께 경고문이 붙었다. 곱창집이 있던 건물을 매입하는 데 들어간 돈은 10억 원, 나머지는 전부가 대출이다. 누군가 돈 놓고 돈 먹는 사이, 용역에게 끌려나온 곱창집 사장과 집기, 식재료가 아스팔트 바닥에 내던져진다. 그야말로 버려진 꼴이다. 사장은 푸드트럭을 구해 곱창을 실어 연대하러 온 이들을 배불리 먹였다. 가게를 통째로 잃어도 남는 것이 있어 다행이다.

재료 고르던 눈썰미와 굽는 실력만큼은 빼앗기지 않았다. 거칠게 요리해 내놓는 곱창 한 상. 한겨울 건물주 집 앞에 주저앉아 그렇게 내장을 씹었다. 버려진 것들은 지워지지 않겠다며 몸부림친다. 건물주와의 공식적인 합의문을 내기까지 오랜 시간이 걸렸다. 그동안 사장은 푸드트럭과 합판을 이어 붙인 임시 가게까지 마련하며 곱창 굽기를 멈추지 않았다. 이후 상가임대차보호법 개정을 요구하는 목소리가 높아졌다. 그 열기가 궁중족발로 이어져 상가법 개정이라는 결실을 보기까지, 버려진 것들은 또 오랜 시간 몸부림쳐야 했다.

그 몸부림이 지금의 식탁을 만들어왔다. 목구멍 넘어가는 이 한입에 죽네 사네 하는 사정들이 버무려 있다. 이대로 쫓겨날 수 없다며 거리로 나선 어떤 밥상의 사정들은 힘의 질서를 무너뜨리고, 상식으로 여겨지던 것을 흔들어놓는다. 몇 년 전이라면 당연히 쫓겨나야 될 가게들, 당연히 이사했어야 하는 집들이 다시 몇 년을 살 수 있게 되기까지 숱한 몸부림들이 있었다.

우리의 밥상은 그날 기름에 끓던 곱창 한 조각만큼의 빚을 지고 있다. 우리는 모두 버려진 것들의 몸부림에 빚을 지고 산다.

우리 삶 깊숙이 배어 있는

치킨의 기름내

6

- 가끔은 시장에 들러 '통닭'을 사 먹자.
- 벽면의 기름때 누런 집이 더 맛있게 느껴지는 게 꼭 기분 탓은 아닐지도.

닭은 맛있다. 물만 넣고 끓여도 감칠맛이 난다. 손질도 어찌나 편한지! 돈 조금 아껴 보겠다고 마트 대신 시장 정육점을 가면 으레 한 마리를 통으로 준다. 바쁘지 않을 때는 썰어주기도 한다는데, 항상 문전성시니 눈치만 보다가 그대로 가져오길 여러 번. 그걸로 닭튀김을 해 먹겠다고 순살로 만드는데, 꼼지락꼼지락하다 살이 뭉개지기는 해도 제법 꼴은 갖춰 발골을 했다. 온전한 한 마리 식재료 중 어설픈 자취생의 도마에 올라 손질될 만한 것은 아마 닭밖에 없을 것이다. 그렇게 발라낸 살에 간장과 생강가루를 넣고 조물조물해 튀김가루를 입혀 튀겨 먹었다.

먹을 것 없다 하면 발골도 필요 없다. 그저 고춧가루 풀어 간장 넣고 닭볶음탕을 해 먹어도 되고, 심심한 육수로 팔팔 끓여 백숙을 해 먹어도 된다. 이러나저러나 우리 식탁에 빠질 수 없는 친숙한 재료가 바로 닭이다. 요즘같이 추울 때면 종로 골목 어딘가에 퍼질러 앉아 뜨끈한 '닭 한 마리' 먹고 싶고, 여름이 오면 초계탕에 국수, 가슴살 쭉쭉 찢어 갖은 양념에 버무린 닭무침도 생각날 것이다. 감칠맛 나는 닭 국물은 온갖 육수에 섞여 어쩐지 비어 있는 한구석 맛을 단단히 채워주니, 사시사철 식탁에 오르지 않을 수 없다.

미국 남부에는 '소울푸드'라는 게 있다. 아프리카계 흑인들의 음식을 두고 하는 말이다. 백인들의 노예로 살며 형편이랄 것도 없는 처지에 그나마 있는 재료로 해 먹었던 기억을 품은 영혼의 음식. '오크라'라는 흔한 풀때기, 버려지는 재료였던 갑각류 등을 푹 끓여서 먹는 검보를 비롯해 옥수수빵, 메기튀김, 족발 등 어쩐지 만들어진 맥락과 맛이 상상되는 음식들이다. 소울푸드의 대표 주자는 닭으로 만든 가장 흔한 음식이었다.

농장에서 노예 생활을 해야 했던 남부의 흑인들은 백인의 식탁에 오를 닭을 키워야 했다. 서양은 지금까지도 닭 부위 중 가슴살을 최고로 친다. 닭을 작게 키워 야들야들한 맛에 먹는 한국과 달리 육향에 방점을 찍기 때문이다. 모가지, 다리, 날개 따위는 비선호 부위로 백인들 식탁에 오르지 못했다. 버려진 부위들을 버터밀크에 재워 잡내를 없앤 뒤, 밀가루 입혀 기름에 튀긴다. 익숙하고도 설레는 이름, '프라이드치킨'의 탄생이다. 날개와 다리, 모가지를 두고 누가 맛이 없다고 했는가. 프라이드치킨은 이내 백인의 식탁 위를 당당히 차지하며 계급과 동서남북을 막론한 치킨의 시대를 열었다. 지금은 가장 보편화된 이 조리 방법은 미국 문화가 으레 그렇듯 전쟁을 통해 한국에 소개됐다.

생닭을 기름 끓는 가마솥에 그대로 넣어 튀겨낸 '옛날통닭', 밀가루에 카레 가루 따위를 섞고 질게 반죽해 튀겨낸 '시장통닭', 염지 숙성해 두꺼운 튀김옷 입혀 기름에 두 번 튀기는 가장 흔한 방식의 '프라이드치킨', 완성된 치킨에 고추장 양념 골고루 입혀 식어도 맛있는 '양념치킨'까지. 한국에 건너온 소울푸드는 무한대로 변주한다. 한때는 고급 음식, 또 한때는 추억의 음식이었다가 이제는 한식이라 말해도 좋을 만큼 우리 삶 깊숙한 곳에 치킨의 기름내가 짙게 배어 있다.

농성장에서 밤을 지새우다 보면 기별도 없이 찾아오는 손님들이 있다. 혹여 외로울까, 배고프지 않을까 하는 마음에 잘 튀겨낸 치킨은 냄새부터 반갑다.

과하지 않은 튀김옷과 함께 간이 덜 돼 있는

퍽퍽한 살코기를

깨소금에 살짝 찍어 먹으면

고소한 맛이 입안을 가득 채운다.

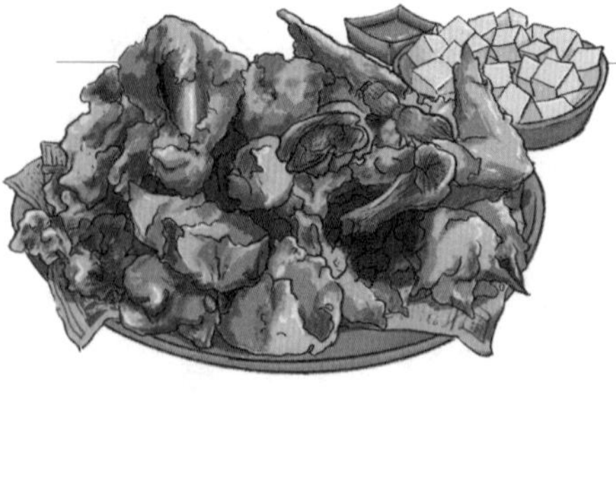

먼 길 마다하지 않고 달려온 발걸음이 고맙기는 하지만, 겨울 추위 여름 더위에 적응하고 이제 막 잠이 들 때 누군가 천막을 열고 들어오면 그것도 영 고역이다.

> 자기는 틀렸다. 밤새 수다 떨다 해가 기웃거리면 피켓 들고 1인 시위 나가겠지. 고마움 반, 궁시렁 반 일어나는데 고소한 기름 냄새가 침낭 사이를 파고든다. 반가운 손님은 혼자 찾아오지 않았다. 통닭 한 마리에 이 밤이 기꺼워진다.

오래된 동네에는 꼭 촌스러운 닭 캐릭터가 그려진 시뻘건 간판에 누렇게 익은 벽을 자랑하는 옛날 통닭집이 있다. 노포 사장의 주름진 손은 정확한 영업시간도 없이 식은 맥주와 함께 한 마리 4000원, 두 마리 7000원짜리 통닭을 판다. 농성장에서 얻어먹는 닭은 대부분 그런 통닭이었다. 철거 앞둔 동네, 밥이라도 먹으라며 봉투를 받은 후배가 10만 원어치 통닭을 바리바리 싸 들고 오기도 했다. 늦은 밤 모두가 잠자리에 들었을 때 강제집행을 당해, 냉장고에 넣어둔 그 많은 통닭을 먹어보지도 못한 채 그대로 두고 나왔던 해프닝도 있었더랬다.

강제집행을 앞둔 가게의 철문이 끼익 하고 열린다. 농성장 지키는 당번이 모두 잠든 깊은 밤이다. 두꺼운 철문 열리는 소리는 칠판 긁는 듯 소름 돋지만, 어느새 익숙해져서는 다들 일어나지 않게 됐다. 문을 연 것은 가게 사장님이다. 고마운 사람 만나러 먼 수원까지 다녀오는 길, 자리를 지키고 있는 연대인들이 생각나 그 유명한 수원 통닭 몇 마리를 사왔다고 한다. 미지근하게 식은 통닭에서 은근히 기름내가 퍼지며 자고 있는 사람들 코를 살살 간지럽힌다. 시장 통닭 방식으로 튀겨 과하지 않은 튀김옷과 함께 간이 덜 돼 있는 퍽퍽한 살코기를 깨소금에 살짝 찍어 먹으면 고소한 맛이 올라올 것이다.

푸짐하게 쌓여 있는 통닭 위에는 생으로 기름에 튀긴 닭똥집 몇 개가 무심히 올라와 있다. 투박한 튀김옷, 살살 벗겨지는 다리살을 후루룩 넘긴다. 퍽퍽한 듯 고소한 가슴살은 깨소금에 찍어 먹고, 심심하면 딸려온 겨자소스를 찍어 찡하게 먹자. 그러다 물리기라도 하면? 절인 무 두어 개 집어넣고 아작아작 씹어 넘기면 되지. 몇 조각 남지 않았을 때 비로소 앞사람 얼굴 보고 수다를 떨면 되겠다. 통닭은 음식이기도 하지만 우리 모두가 알고 있는 하나의 공동 경험이다. 그 당연함에서 오는 단단함이 좋다. 모두가 아는 그 맛이, 그 냄새가 캄캄한 가게 속 잠든 연대인들을 깨운다. 요란한 소리에도 깨지 않던 이들이 하나둘 깨더니 통닭 놓여 있는 자리에 앉아 밤참을 함께한다.

별난 것도 없는 맛이 매일 밤 여러 사람을 괴롭힌다. 소, 돼지 안 먹는 나라는 있어도 닭 안 먹는 나라는 없다더라. 가깝고 쉬운 것이 주는 위로가 필요한 요즘, 일상이든 투쟁이든 닭이 그 옆자리를 든든하게 지키고 있다. 우리 집 근처에는 없고 배달로도 만나기 어려운 빨간 간판 집의 통닭이 그립다.

외로운 현장에서
보리굴비 밥상까지,

이어지는
연대의 인연

7

- 녹차가 아니어도 좋다, 보리차든 뭐든 차게 식혀 준비!
- 식감을 살리기 위해 굴비는 손으로 쭉쭉 찢어서 올리는 것이 팁.
- 후루룩 먹지 말고 꼭꼭 씹어 넘기자.

굽이진 마을, 스마트폰을 켜고 좁은 골목 사이 목적지를 찾아 열심히 걸었다. 서울에 아파트가 그렇게 많다던데, 어찌 내 주변 사람들은 이런 골목골목에 둥지를 틀어 부단하게들 살고 있는지. 곧 정오다. 두세 걸음마다 달라지는 냄새에 배꼽시계가 야단이다. 요 반지하 방에서는 라면을 끓인다. 부엌 창 좁게 나 있는 저기 2층 집에서는 아마 김치찌개를 끓이는 모양이다. 낮은 지붕의 오래된 단독주택에서는 주말 점심을 거하게 장식할 참인지 삼겹살 굽는 냄새가 요란하다. 안 봐도 척이다. 스마트폰 지도는 집이 아닌 붉은 벽돌 담벼락에서 안내를 멈췄다. 지금부터는 감으로 문을 찾아야 한다.

민폐를 끼치러 가는 길이다. 빚을 지러 가는 길이라 해도 좋다. 결혼식 때는 축의금 일부를 떼어 후원하고, 이번에는 논문을 다 썼다며 후원한 부부의 집을 찾아가고 있다. 논문을 직접 주고 싶다며 초대를 했다. 밥이라도 사겠다고 하니 한사코 거절하며 점심을 직접 해주어야 하겠단다. 꼭 이렇게 민폐를 끼치고야 만다. 헤매다 보니 청국장 냄새 짙게 나는 막다른 골목집 앞에 도착했다. 아니나 다를까, 내가 먹을 청국장이 부엌에서 보글보글 끓고 있었다. 해초비빔밥에 청국장, 나박무김치, 오이소박이와 고춧잎무침이 예쁘게 차려져 있다. 이내 부엌 찜기에서 메인 메뉴가 나온다. 커다란 보리굴비 두 마리가 토막 난 채 접시에 얹혀 나왔다. 하나같이 입맛 돋우는 반찬들과 청국장, 보리굴비로 완성된 한 상이다. 밥 한 공기로 끝날 리가 없다.

굴비 하면 떠오르는 옛이야기. 밥상 위에 걸어놓고 밥 한 술, 굴비 한 번 쳐다봤다는 그 자린고비의 인상이 강렬하다. 학교급식으로 나오던 조기튀김이 아니다. 노란빛 곱게 입도록 오래 말린 굴비는 고등어나 임연수어에 비하면 밥상에서 늘 귀한 대접을 받았던 기억이 있다. 곱게 포장된 보리굴비를 명절 선물로 받게 되면, 어머니는 녹차 물에 밥을 말아 굴비를 찢어주셨다. 꾸덕한 살, 녹진한 내장 맛을 찻물로 달래가며 먹었던 비싼 생선, 보리굴비.

서해안 노인들의 기억 속, 그러니까 1970년대나 1980년대만 하더라도 서해 앞바다는 조기 어선으로 한가득이었다고 한다. 다른 생선은 잡히는 족족 버리고 조기만 가득 실어 포구로 돌아와도 먹고살기 넉넉했다고 하니, 그 풍경이 상상이 가시는지. 가져온 조기를 법성포에서는 양쪽 아가미에 굵은 소금을 치는 방식으로 섶간을 해 엮어 말렸다. 그렇게 말리면 비로소 조기에서 '굴비'라 불릴 자격을 얻는다. 그걸 더 오래 먹기 위해 항아리 가득 보리와 함께 묻어 숙성시키면 진한 냄새에 쫄깃한 살을 자랑하는 '보리굴비'가 완성된다. 까다롭고 정성스러운 과정을 거쳐 만들어진 굴비는 맛이 좋고, 보관도 용이하니 오랫동안 우리네 밥상에 올랐다. 모두의 입맛을 사로잡아 사랑받았고, 제사상에도 빠지는 법이 없었다.

조업 기술의 발전으로 무분별하게 잡아먹다 보니 개체수가 줄었고, 이내 몸값이 올랐다. 요새는 조기의 사촌뻘 되는 중국산 부세가 대세라고 한다. 그걸 굴비라 하는데 영 틀린 말은 아니다. 굴비는 결국 말렸다는 뜻이니, 부세굴비라 하면 맞는 말이지 뭐. 대책 없이 잡아먹은 우리 책임이 크다. 언제인가부터 별미가 된 노가리가 불티나게 팔리는 사이 강원도 덕장에서는 국산 명태를 찾아볼 수 없게 됐다. 총알오징어가 유행이더니 오징어 몸값이 금값이 되는 경험도 했다. 많이 잡힌다 해서 언제까지고 볼 수 있는 것이 아니다. 부세가 맛이 없다는 말이 아니다. 이런 식이면 부세라고 남아날까.

커다란 보리굴비를 젓가락질로 발라먹는다. 쪄냈다고 하지만 속까지 꾸덕하게 잘 말라 있어 쉬이 발라지지 않는다. 체면 차릴 것 없이 손으로 잡아 뜯는다. 말린 생선치고는 드물게 내장이 온전히 붙어 있다. 그걸 젓가락으로 발라낼 바에야 비린내 묻혀가며 손으로 뜯는 게 낫다. 아무리 들떴다고 굴비만 먹을 수 있나, 해초비빔밥에 청국장 슥슥 비벼 먹고 정성스럽게 담아놓은 반찬들도 하나씩 맛본다. 맛있는 군내가 가득한 굴비는 개성 강한 한식 반찬과 국에 밀리지 않고 자신이 이 밥상의 주인공이라고 주장하고 있다. 그렇게 거하게 먹고 나서 배부름을 호소하니, 흐뭇하게 웃고 있는 두 사람 모습이 보인다. 왜 불렀는지 알겠다. 밥 한 끼를 잘 먹고 나니 '괜찮냐' 물어봐준 것만 같다.

현장은 늘 연대의 빚을 지고 산다. 잃어버리고 나서야 귀한 줄 아는 사람들이 바다뿐 아니라 도시에서도 똑같은 짓을

녹차 물에 밥을 말아

보리굴비 한 점을 얹어 삼킨다.

짭잘한 살점과 눅진한 내장의 맛을

깔끔한 녹차 향이 감싸 목구멍으로 넘겨준다.

술술 들어간다.

벌인다.

오래된 골목을 철거해놓고 기념관을 짓는다거나, 돈 주고 만들려고 해도 못 만드는 포차 거리를 철거해놓고 화단을 만든다거나, 전통시장을 개발해 리조트를 짓겠다거나 하면서 말이다.

그렇게 오늘만 살고, 개발만 외치는 사람들이 아파트만 불쑥불쑥 올려놓으니 값이 오르지 않을 수가 있나. 애초에 사람이 살기 위해 개발하는 게 아니니 오랫동안 쌓아온 도시의 생태계가 무너지는 일이 두려울 리 없다. 지속 가능한 상권과 소상공인 생존에는 관심이 없고 투기로 일확천금만 바라니 월세 오르는 일에 쾌재를 부른다. 아파트가 도무지 살 수 없는 값이 돼도, 그렇게 골목이 황폐해져도 상관없다. 용감한 개발주의자들은 또 미개척지를 찾아 떠날 것이다. 이미 그곳에 사람이 살고 있어도 개의치 않는다. 우리 기준에 '살 만한 곳'은 부동산의 기준으로 보면 여전히 '미개척지'니까.

이 혹세무민에 종지부를 찍겠다고 사람들이 모인다. 현장은 그 사람들에게 빚을 지고 있다. 새벽같이 달려와 제집 철거되는 것마냥 막아주는 사람들이 있다. 그러다 벌금이라도 맞으면 그를 위해 또 모금을 해주는 사람들이 있고, 혹시 지치지 않을까 밥 한 끼 먹이며 안부를 묻는 사람들이 있다. 파괴된 생태계의 멸종위기종이 된 것마냥 외로운 현장을 찾아가 끊어진 고리를 연결하고, 짓무른 상처를 소독하는 사람들. 현장에서는 그들을 '연대인'이라 부른다. 연대의 밥상은 천막 농성장, 이웃 가게, 연대인의 집 그리고 보리굴비를 삭히던 법성포 어딘가의 노동까지 이어진다.

배부르게 먹고 대가리 한 토막이 남았다. 그냥 드시면 될 것을 가져가 먹으라고 싸주셨다. 쓰다 보니 군침 돌아 안 되겠다. 티백이라도 하나 사와서 녹차 물 우려내 살 한 점 놓치지 않고 꼼꼼히 발라 한 끼 후루룩 해야겠다. 아니, 한술 한술 귀하게 떠야지!

사라다와 땅콩을 씹으면

생각나는 사람이 있다

8

- 말짱한 과일은 건드리지 말자.
- 냉장고 한쪽, 잊고 있던 살짝 무른 사과가 있다면 한 번쯤.
- 마요네즈에 머스터드 한 술 얹는 게 포인트!

사라다를 먹기에는 겨울 끝자락이 좋다. 설 명절 친척 집을 나서던 길 엉겁결에 손에 쥐게 된 과일 봉투가 냉장고에서 사망 선고를 기다리고 있는 지금이 가장 좋은 때다. 상한 부분은 성큼성큼 잘라내자. 아쉽다고 다 주워 먹을 것도 아니니 미련 남길 필요 없다. 약간의 비타민이라도 성한 채로 먹으려면 지금이라도 과감하게 도려내 혈색 좋은 과육만 남기는 편이 낫다. 마요네즈는 취향껏 뿌려준다. 이렇게 많이 뿌릴 거면 과일은 왜 먹느냐 묻는 사람도 있겠지만 상관없다. 마요네즈에 뒤덮여도 죄책감을 덜어줄 만큼의 상큼함은 남아 있다. 아무튼 과일 아닌가!

'사라다'를 검색하니 '샐러드'의 잘못된 표현이라 한다.

양식 샐러드가 일본에 소개되며 발음 그대로 사라다라 부르게 됐으니 표준어인 샐러드로 고쳐 불러야 한다는 모양이다. 그럴싸해 고개를 끄덕이다가도 자연스럽게 사라다라 부르는 내 모습을 발견한다. 음식과 언어의 지분 절반은 켜켜이 쌓인 기억의 몫이다. '샐러드'라고 하면 양상추 툭툭 끊어 오리엔탈소스나 랜치소스를 올린 것이 생각나고,

> '사라다'라고 하면 마요네즈에 버무린 과일 반찬이 생각나는 것은 그 기억의 확고한 자기주장이다. 그걸 영 없는 일로 할 수도 없고, 이제 와서는 전혀 다른 음식이라고도 할 만하니 그저 이 또한 한식의 일부라고 받아들이는 편이 자연스럽다. 아무렴 사라다는 사라다다.

머릿속 사라다가 외치는 목소리를 따라 거슬러 올라가 보자. 명절이나 손님맞이를 할 때면 밥상 위 시뻘건 반찬들 옆에 흰색 사라다가 한 첩을 차지하고 있다. 양식 소스인 마요네즈에 버무린 이 유별난 반찬은 메인 메뉴가 고등어구이든 제육볶음이든 청국장이든 김치찌개든 상관하지 않고 반찬 가짓수를 늘리기 위한 명목으로 상에 오르기도 하고 빠지기도 했

다. 그보다 더 오래전에는 세련된 음식으로 대접받았을지 모르겠다. 어떤 세대 사람들에게는 추억이고 내 나이 때 사람들이 '그 옛날'이라 할 만한 시절, 호프집에서는 마요네즈 베이스의 사우전드아일랜드 드레싱을 뿌려 햄·채소 따위와 버무린 멕시칸샐러드를 어엿한 안주로 팔았다고 한다. 조금 더 먼 과거, 고급 한식당에서는 고정 반찬으로 내놓는 사라다가 유명했다고 하니, 마요네즈에 버무린 어떤 음식들에는 나름의 특별한 지위가 있었던 것 같다. 그 명성에 시간의 맛이 더해져 사라다는 이제 추억의 대명사가 됐다.

다시 두꺼운 철문의 농성장 이야기다. 밤을 지새워 자리를 지켜야 한다. 학교 리포트를 쓰는 사람, 책 읽는 사람, 영화를 보거나 기타를 퉁기는 사람 등 각자가 지루한 밤을 유익하게 보내기 위한 나름의 준비를 하고 모였다. 그것도 한두 번이지, 낯설었던 사람들 얼굴이 가장 낯익은 얼굴이 될 즈음이면 하룻밤 보낼 준비는 다 허사가 되고 날밤을 수다로 홀랑 까먹는 게 예삿일이다. 현장 이야기로 시작한 수다는 이내 정치 이야기가 돼 한참을 불붙다가 푹 꺼져 재가 된다. 그렇게 잠이 들어도 좋으련만, 뜬눈으로 밤샐 예정이었던 어떤 이가 바람을 후후 불어 다시 불씨를 틔운다. 불씨는 오래도록 품

머릿속에서 사라다와 샐러드는

엄연히 다른 음식이다.

과일을 숭덩숭덩 썰고 건포도 한 줌 집어넣고

마요네즈 잔뜩 뿌린 사라다가 가끔 생각난다.

고만 살았던 꿈 이야기가 돼 넘실거리기도 하고, 당장 내일을 알 수 없는 현실에 대한 깊은 한숨이 되기도 한다. 누구 하나 분명한 해답이 없고, 가진 것도 변변찮다. 언제 들이닥칠지 모를 폭력을 기다리며 기약 없는 투쟁의 끝을 바라면서도, 몸서리치게 추운 철문 밖 세상 탓에 모닥불 피운 것마냥 다닥다닥 모여 있었다. 우리는 그렇게 어느 정도 서로의 용기가 돼줬다.

사장님은 그런 우리에게 과일을 먹이고 싶었나 보다. 직접 사다놓기도 하고, 연대 물품으로 들어오기도 한 과일 박스가 늘 잘 보이는 곳에 쌓여 있었다. 귤이야 곧잘 까먹었지만, 사과나 감 같은 것을 일부러 찾아 먹는 사람은 드물었다. 자취방 냉장고 한구석, 명절에 받은 과일 몇 개를 끝내 먹지 않아 상하게 만드는 일과 같은 이유였을 것이다. 스텐 다라이에 귤을 까서 넣는다. 사과와 단감은 한입 크기로 잘라 넣었다. 안줏거리 할 요량으로 넉넉히 두고 있던 땅콩과 건포도를 붓는 것만으로 재료 손질은 끝이다. 마요네즈를 넉넉히 뿌린다. 사장님 레시피에는 설탕이나 후추가 들어가지 않았다. 대신 머스터드를 크게 한 술 넣어 느끼함을 잡고 단맛을 더한다. 슬슬 섞어 그릇에 옮겨 담아 연대의 밥상에 올렸다. 노란 머스터드 덕에 누리끼리한 '농성장 사라다'. 다른 반찬 먹다가도 괜히 심심해서 몇 개 집어 먹게 되는 요상한 반찬. 사장님 의도와 관계없이 건포도만 골라 먹는 얄미운 사람도 있고, 넉살 좋게 숟가락으로 퍼먹는 사람도 있다. 나는 얄미운 사람 축에 속했다. 쌀밥에 사과는 도무지 익숙해지지 않아 땅콩과 감만 골라 먹는.

그것도 이제 몇 년이 지났다. 어느 정도는 추억이 됐다. 여전히 그 자리에 있는 사람들도 있고, 떠나갔거나 떠날 수밖에 없었던 사람들도 있다. 무섭게 흘러가는 시간 속에 철문의 기억도 흐려졌다. 밤새 나누던 이야기들이 기억나지 않는다. 구호도 발언도 노래도 물밀 듯 밀려오는 또 다른 구호 속에 그렇게 쓸려갔을까. 아니, 아마 그걸 그대로 살아낸다고 아등바등하는 사이, 살과 피가 되고 삶이 되고 또 연대가 됐겠지. 마요네즈 묻어 더 고소해진 사라다의 땅콩을 아작 하고 씹으면 생각나는 사람들이 있다. 지난 이야기들이 떠오르지 않아 갈피를 못 잡을 때면, 기억 켜켜이 쌓인 추억의 음식을 먹자. 무성했던 구호와 밤을 지새운 토론이 다시 불을 지피면, 또 오늘의 철문을 찾아 연대의 밥상을 차려야지.

조용조용
씹어 넘기던

모란공원
빠다코코낫의 단맛

9

° 과자는 가까운 슈퍼에서 사 먹자.

인간은 단맛을 좋아한다. 이 사실을 인정하기까지 오랜 시간이 걸렸다. 그동안 나는 단맛이라면 손사래 치는 사람이었다. 커피는 아메리카노, 콩국수에는 소금을 고집하는 종류의 인간. 그러던 생각이 음식을 해 먹으며 조금씩 바뀌기 시작했다. 칼칼한 찌개 하나를 끓여도 꼭 설탕이 들어가야 맛의 중심이 잡힌다는 사실을 알게 됐다. 그저 고추장에 버무린 줄로만 알았던 제육볶음에 설탕이 얼마나 들어가야 감칠맛이 나는지도 알게 됐다. 볶음 요리에 불맛 비슷한 눌은 맛을 내기 위해선 설탕을 기름에 볶아 재료에 코팅하는 작업이 필수라는 것도. 설탕의 쓰임을 알고 나서야 내 혀가 진작부터 단맛을 원하고 있었다는 단순한 진리를 비로소 인정하게 된 것이다.

디저트의 맛을 알기까지는 더 오랜 시간이 필요했다. 하루에 카페를 두세 번씩이나 오가며 각양각색의 케이크, 스콘, 티라미수, 쿠키들을 마주하더라도 정작 내 돈 주고 사 먹을 생각은 하지 않았다. 배는 자고로 밥과 면으로 채우는 것이지 군것질거리로 요기하며 넘길 수 없다는 오랜 생각 때문이었을까. 그런데 몇 년 전 일정이 꽉 찬 피곤한 일주일을 보낸 사무실에서의 어느 오후 갑자기 단것을 먹고 싶다는 강한 열망에 휩싸였다. 무언가에 홀린 듯 근처 프랜차이즈 카페로 가서 티라미수를 사 먹고 나서야 '당'이 주는 행복이 무엇인지 절실히 깨달았다. 밥과 면이 포만감으로 향하기 위한 복잡한 여정이라면, 디저트는 한입의 완벽한 만족을 위한 짧은 유희였다.

배부른 한 끼 이후, 커피나 차에 곁들이는 케이크와 쿠키를 바라는 마음은 위胃에서부터 비롯되는 것이 아니다. 이 솔직한 욕망은 혀와 뇌의 협업으로 촘촘하게 설계된 속임수다. 그러므로 알고도 속아 넘어가고야 마는 사람의 마음에 그 책임이 있다. 어느 프로듀서가 말했다. 디저트 가게를 운영하는 사람들은 '행복 비즈니스'를 하고 있는 거라고. 단맛을 원하는 원초적 감각이야 사탕수수 질겅질겅 씹던 시절 이전부터 존재했겠으나, 영양 과잉 시대의 디저트는 아마도 몸의 필요가 아닌 마음의 필요에 따라 바쁜 일상 깊숙한 곳에 자리 잡았을 것이다. 단것이 끌릴 때면, 현대의 인간은 행복을 사 먹는다.

햇살 좋은 봄날의 모란공원. 어느 철거민의 묘역 앞에서 동료들과 함께 빠다코코낫을 먹었다. 버터의 짙은 느끼함과 물엿의 끈적한 단맛, 손가락 끝에서부터 느껴지는 기름짐과 스치듯 지나가는 코코넛 향으로 구성된 빠다코코낫. 우유라도 없이 먹으려 들면 목이 꽉꽉 막혀 없는 물 찾아 손 휘저어가며 먹던 그 오래된 과자를 어떤 이의 무덤 앞에서 모두가 조용조용 씹어 넘긴다. 훔칠 새도 없이 풀밭으로 떨어지는 부스러기, 복받쳐오는 느꺼움과 얄궂게도 따뜻했던 그날의 햇살.

그이는 서울특별시 마포구 아현동 572-55호에 살던 37살의 청년이었다. 동네가 재건축 지역이 됐고, 어머니와 둘이 살던 곳에서 세 번의 강제집행 끝에 쫓겨나야 했다.

그렇게 쫓겨나서는 어머니와 찢어져 동네 이웃 형님네에 의탁했는데, 거기서도 쫓겨났다. 사흘간 먹지도 자지도 못한 채 추운 겨울을 보내던 그는 2018년 12월 2일 얼음장 같은 한강 물에 투신한다. 길지 않은 유서에는 홀로 남은 어머니에게 임대주택을 마련해달라는 당부가 적혀 있었다. 그이의 이름은 박준경, 마포 아현 철거민 故 박준경 열사다.

사회적 타살이었다. 이 억울한 죽음을 도무지 받아들일 수 없던 그의 어머니는 구청 앞에 천막을 치고 분향소를 차렸다. 동료들과 밤을 지새워 분향소를 지키고 있노라면 과자를 쥐여주신다. 살아생전 아들이 '단 과자'를 좋아했다고. 서울시의 사과와 함께 재건축 철거민에 대한 대책을 논의하겠다는 대답을 듣기까지, 두 달 조금 안 되는 기간 영정 앞에는 늘 과자가 가득 쌓여 있었다. 그중 하나가 빠다코코낫이다. 따뜻한 봄날 그를 기억하는 이들이 모여 추모 예배를 드리며 성찬을 나눴다. 전병을 대신해 달콤한 과자를 준비하기로 했다. 어떤 죽음을 기억하며, 오늘을 살아내자고 말할 때 나는 이제 박준경이 좋아했다던 빠다코코낫이 생각난다.

인간이 인간에게 어떻게 그리 못되게 굴 수 있을까. 차마 갈 곳 없는 사람들이 있다. 두려운 마음 붙들고 이불 덮고 누워 내일 다시 살아내보자 하는 이들이 있다. 그런 이들을 어떻게 한밤중에 들이닥쳐 찬 바닥에 내동댕이칠 수 있을까. 차마 지워질 수 없는 사람들도 있다. 이렇게 내몰리다가는 두 번 다시 세상에 나올 수 없을 것 같다는 두려움에 용기를 짜내어 목

박준경이 좋아했다는

빠다코코낫을

조용조용 씹으며

그의

유서를

생각한다.

소리 냈던 사람들. 왜 그들에게 그리도 못되게 굴어야만 했을까. 어렵게 잡은 마이크 소리마저 듣기 싫다며 진저리 치고, 그의 삶을 지탱하고 있던 끈들을 한 줄 한 줄 끊어야만 직성이 풀렸을까. 그 떨리는 눈동자를 앞에 두고 어떻게.

한 아이를 키우려면 마을이 필요하다 했다. 반대로 한 생명을 죽이겠다고 세계가 동원되기도 한다. 이 초라한 세계의 폭력 앞에 잃어버린 것들을 세어본다. 가게 하나, 둘. 골목 셋, 넷. 마을 다섯, 여섯. 알게 모르게 떠나간 사람의 아이들 여럿. 떠나간 이들이 무엇을 그리워했을까 짐작해본다. 따뜻한 방, 커피 한 잔, 맥주 한 병, 길고양이와 좁은 골목 그리고 한 조각 빠다코코낫. 그 모든 것도 결국 이 초라한 세계의 일부였다.

삶을 지탱해주는 것들의 목록은 생존을 위해 꼭 필요한 것들의 목록과는 차이가 있을 것이다. 단맛을 향한 욕망은 생존을 넘어 아름다움을 추구하는 어떤 본질을 설명하고 있는지도 모른다. 그러니 이 초라한 세계를 포기하지 말자.

햇빛 좋은 봄날 모란공원에서였다. 달콤한 빠다코코낫을 씹으며 고인의 달콤한 휴식과 함께, 남아 있는 우리가 달콤한 세상을 만들자고 그렇게 다짐했던 것 같다.

삼계탕을 추억하며

'연대의 밥상'을 생각하며

10

° 친구가 끓여주면 좋겠다.

첫 자취방은 녹번역에서 내려 무너질 것 같은 낡은 계단을 한참 올라야 하는 산자락에 있었다. 기분 탓이겠지만 공기가 다르다고 느껴질 만큼의 달동네를 오른다. 가파른 계단이 끝나고 완만한 경사의 굽이진 골목이 나올 때까지 어설프게 포장된 골목길을 조금 걸으면 대문이 있다. 대문에서 계단 몇 개를 다시 내려가야 하는 나의 첫 반지하 자취방. 부엌 딸려 있는 좁은 거실과 싱글 침대 매트리스 하나, 이불 두어 장 깔 수 있는 적당한 크기의 방이 있는 1.5룸 아늑한 방. 그곳에서 동기 두 명과 함께 살았다.

방을 소개해준 선배가 멋진 말을 했다. 추운 겨울밤에 믹스커피를 타서 집 밖으로 나가보라고. 생활력이 없으니 전기

포트를 사둘 생각도 못 했다. 냄비에 끓인 물, 종이컵에 믹스커피를 타서 늦은 밤 문밖을 나섰다. 입김이 나올 만큼 시린 밤이면, 저 아래 녹번역 사거리부터 멀리 은평구청까지 또렷하게 보였다. 집 뒤로는 북한산 바위가 어슴푸레 보이고, 발아래로는 야경이 펼쳐지는 곳. 바삐 움직이는 손톱만 한 자동차들을 빤히 내려다보며 빠르게 식는 커피를 홀짝거린다. 믹스커피 맛을 알 턱이 있나. 폼만 잡다 바닥에 뿌려놓고 도로 들어갔지.

나는 그 동네가 좋았다. 추석날 늦잠이라도 자고 있으면 창문 밖으로 보이는 바쁜 발들과 왁자지껄한 낯선 목소리에 뒤척여야 했다. 평소에는 손님 한 명 없다가 명절만 되면 인사하러 온 젊은 사람들이 북적거리는 노인의 동네. 간만에 청소를 마음먹고 문밖에 물건을 꺼내놓으면 누군가 바로 주워가서 볼멘소리를 하게 되는 가난한 동네. 얼마간 살다가 나는 또 다른 저렴한 월셋집을 찾아 떠나야 했다.

이후 동네는 재개발이 됐다 하고, 어쩌다 지날 일이 있을 때면 동네 높이만큼 거대한 펜스 안에서 공사가 열심인 것 같고, 사라지는 것 세워지는 것 얼마나 빠른 도시인지, 그게 아니면 내가 무심한 탓인지. 이름만 들어도 번쩍거리는 아파트가 금세 들어와 섭섭해한 것도 벌써 몇 년이 지났다. 녹번역에서도 훤히 보이던 북한산 자락 멋진 바위는 아파트 높은 층에 살지 않는 이상 볼 수 없게 됐으니, 매일같이 그 길을 지나면서도 깎였는지 온전한지 신수를 확인할 길이 없네. 재개발이 되면 열 명 중 일곱 명은 집값을 감당할 수 없어 떠난다는데 그때 그 할머니들은 어디 계시려나, 덧없는 생각을 하기도 한다.

연대의 밥상, 그 첫 기억은 지금은 사라진 녹번동 반지하 방에서 마주한 한 상이었다. 자취를 시작할 즈음 동아리 회장이 되어 농성장을 제집 드나들듯 하기 시작했다. 집에서 잔 시간보다 동아리방과 천막 아래서 지새운 밤이 더 많았던 시절, 사흘인가 집에 들어가지 못했는데 같이 살고 있던 친구에게서 전화가 왔다. 오늘은 들어올 수 있냐고 묻는 말에 저녁이면 들어간다고 말했던 것 같다. 고된 일정을 보내 몸은 천근만근 무겁고 늘 오르던 계단은 더 높아 보이기만 했다. 드문드문 세워져 있는 가로등은 왜 그리도 깜박였는지. 어쩐지 외로운 마음으로 겨우 집을 향했다. 전화 받은 일도 까맣게 잊어버리고 얼른 눕고 싶다는 생각 하나만으로 계단을 올랐다.

반지하에서 음식을 하면 대문에서부터 냄새가 난다. 냄새는 문틈 사이로 나와 계단을 오르고, 주방의 비좁은 창문에서 올라와 바닥에 낮게 깔려 있다. '아! 뭘 먹었는가 보다.' 하고 문을 여니 반질반질한 교자상 위에 삼계탕 한 그릇이 예쁘게 차려져 있다.

웬 삼계탕이냐고 물어보니 올 때 맞춰 끓여놨다고 한다. 고생했단다. 배도 고플 텐데 어서 먹으란다. 아, 내가 좀 더 상냥한 사람이었다면, 고맙다는 말을 스무 번만 더 할 수 있는 솔직한 사람이었다면, 더 솔직하게는 펑펑 울 수 있는 사람이었다면 좋았을 텐데. 나는 그저 고맙다는 말만 하고는 친구가 끓여준 삼계탕을 허겁지겁 먹었다.

가슴살은 김치 찢어서 올려 먹고 닭다리는 입에서 후루룩 돌려 발골을 하자. 그러다 목이라도 막히면 닭기름 둥둥 떠 있는 국물을 넘기자, 밥을 넘기자. 간간이 씹히는 파 고명도 좋다. 미처 빼내지 못한 통마늘도 괜찮다. 스며드는 맛이다. 바짝 긴장했던 몸은 노곤해지고, 예민하게 흔들리던 마음이 제자리를 찾는다. 한 그릇을 남김없이 비워 고맙다는 말을 대신한다. 그렇게 어설펐던 내가, 지금에 와서도 잊지 못하는 삼계탕 한 그릇. 다시는 돌아갈 수 없는 오래된 마을과 부대낄 수밖에 없

고된 외출을 마치고

사흘 만에 들어간 집,

친구가 끓여놓은

삼계탕 한 그릇은 몸뿐 아니라

마음까지 노곤하게 녹여주었다.

던 이웃들, 늦은 밤 믹스커피와 자취방 냄비에 끓던 마음 한 무더기.

연대한다는 것은 결국 타인의 공허함에 웅크린 나를 욱여넣고, 그렇게 내 가슴에도 무언가 채워 넣는 것이다. 그렇게 스며들어 서로의 살과 피가 되는 일이다. 서로 관계하는 일이고, 가만히 내버려두지 않겠다고 다짐하는 일이다. 인정하든 인정하지 않든 명백하게 혼자서는 살 수 없는 존재인 인간이 함께 살기 위해 선택한 가장 적극적인 방식이 '밥상'이다. 우리는 밥상 앞에서 당신과 내가 고통과 기쁨, 배고픔을 느낄 줄 아는 보통의 몸뚱이임을 확인한다. 혼자서 차린 조용한 밥상도, 예기치 못한 때 누군가 차려준 고마운 밥상도, 여럿이 둘러앉아 먹는 풍성한 밥상도, 살기 위해 눈물을 흘리며 먹었던 절박한 밥상도 결국 모두 '연대의 밥상'이다.

파편화된 시대를 살아간다. 어떤 때는 너무 외로워 견딜 수 없을 만큼 슬프다. 열 명 중 일곱 명은 어디를 갔는지 알 수가 없다. 돈만 아는 세상의 속도가 너무 빨라 내 몫 내 자리는 어디에도 마련돼 있지 않은 것 같다. 그럴 때면 연대의 밥상을 차리자. 한 그릇 음식에 울고 웃는 사정들에 내 삶을 엮어 조금 더 단단해지자. 나는 이제 밥상 차리는 일을 멈추지 않을 참이다. 지난 시절, 지워지지 않으려 몸부림쳤던 세상의 모든 밥상이 그러했듯.

단골집의 문간은

30년이 지나도 평등하다

11

- 맛은 기본이요, 한마디 인사와 더불어 안부 정도 묻는 단골 가게를 만들자.
- 가까운 집을, 가능한 한 자주, 가능한 한 오래오래.

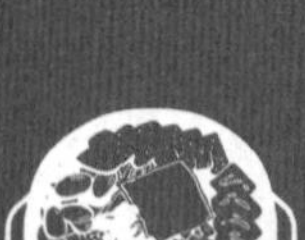

누구에게나 단골 가게가 있다. 어렵사리 맛집을 검색하지 않아도 언제든 찾아가 밥 한 끼, 술 한잔 먹을 수 있는 공간. 내게도 자랑할 만한 단골 가게가 몇 곳이 있다. 저렴한 만두집, 청어를 맛있게 굽는 한식 선술집 그리고 1인 사시미가 괜찮았던 이자카야 한 곳. 월급이 나오는 날이면 사시미를 먹으러 가게로 향했다. 영업시간을 알아볼 필요도, 영업 여부를 묻는 전화도 필요 없다. 줄을 설 걱정도 하지 않는다. 늘 앉던 카운터 자리에 앉아 늘 먹던 것을 시켜 고된 하루의 익숙한 위로를 받을 참이다. 정류장에 내려 복잡한 인파를 헤치고 익숙한 골목에 들어섰다. 이제 코너를 돈다. 조명 밝혀놓은 이자카야가 반겨야 하는데, 굳게 닫힌 문에는 생동감이 없다. 소리 소문도 없이, 맛있고 저렴했던 한 가게가 그렇게 사라졌다. 이사 간다는 말도 없이, 한 장의 안내도 없이 어디 그리 섭섭하게 가셨나. 이제야 검색도 해보고, 수소문해 보지만 가게의 행방을 알 수가 없네. 한적했던 동네에 오가는 사람 많더니, 필시 월세를 감당하지 못한 이유였을 것이다.

서울살이 외로움 느끼는 일이란 아마 이런 것이겠지. 그 많은 인파 속, 당연하게 존재하던 가까운 한 식당의 폐업으로부터 비롯된 외로움. 어쩔 수 없지, 하면서도 어쩐지 억울한 마음이 들어 우울해지는 그 감각. 내 집 바란 적도 없고, 하다못해 전셋집 당연하다 여긴 적도 없다. 다만 과장 보태면 지폐 두 장으로 월급날이면 걱정 없이 먹던 회 한 접시가 사무치게 그리워 서러울 뿐이다. 그렇게 잃어버린 가게들이 있다. 꼬치집 하나, 이자카야 하나, 백반집 두어 곳과 이제는 기억에서도 흐릿해진 내 시절의 일부를 빼곡하게 채워주었던 가게들.

"아니 오징어가 왜 이렇게 맛있어요?"

우연찮게 가게 된 식당의 오징어볶음이 맛있어서 말을 건넨다. 외관의 오래된 간판에서부터 동네 터줏대감임을 알 수 있다. 간판으로 보나 메뉴판으로 보나 솥뚜껑 삼겹살이 주력 메뉴임이 분명한데 솥뚜껑은 보이지를 않고 먼저 온 손님들의 화구에는 부대찌개만 올라 있으니 신기할 노릇이다. 오징어볶음은 메뉴판 한구석에 있던 것인데 일행이 유독 당긴다 하여 시켰다. 센 불에 살짝 볶아 숙회마냥 통통한 오징어볶음이 나왔다. 고추장과 설탕을 넣고 눋듯이 볶은 음식이 아니라 간장에 고춧가루 정도만 넣고 살짝 볶아내 생물 오징어가 주연인, 보기 드물게 근사한 한 그릇의 오징어볶음이다.

이 한 그릇을 전채요리 삼아 입맛을 돋우고 있다 보니 부대찌개가 상에 오른다. 통조림 햄, 두 종류의 소시지가 들어가고 김치와 대파를 숭덩숭덩 썰어넣어 익히 알고 있는 그 맛의 부대찌개다. 반으로 쪼갠 라면 사리가 기본으로 들어간다. 면을 자르는 것에 사색을 하는 사람이더라도, 부대찌개 사리 면만큼은 예외를 두어야지. 식사의 끝물, 걸쭉하게 졸아든 국물을 밥그릇에 붓다 보면 잘게 잘린 라면 사리 몇 개가 걸려 들어오기 마련이다. 그걸 슥슥 비벼다 먹는 것이 최고의 안주, 피날레니까.

"아침마다 직접 장을 봐오니까 그렇지요."

30년이 된 가게란다. 가게 한 번 옮긴 적도 없이 그 자리에서 장사를 했다. 한우집을 하고 싶어 먼 시골에서 올라와 자리를 잡았는데 동네가 공장지대라 영 소고기를 찾는 사람이 없었다네. 맛있는 요리, 그걸 알아봐 주는 손님을 찾아 부부가 서울까지 올라왔으니 함바집(건설 현장 식당) 신세만큼은 꼭 면하자고 했단다. 지금이야 함바집에 뿌리를 둔 동네 백반집, 기사식당을 두고 맛집이라 하지만 30년 전 사정은 또 달랐을 것이다. 하지만 어디 식당 일이 주방장 마음처럼 될까, 점심이면 찾아와 밥을 찾는 덕에 매일 메뉴가 바뀌는 백반 한 상을 내기 시작했고, 저녁이면 저렴한 안주를 찾는 사람들 덕에 삼겹살이며 부대찌개며 내주기 시작했다.

그렇게 시간이 흘렀고, 동네 사람들 사랑방 역할 톡톡히 하며 지금의 간판과 메뉴로 정리가 됐다. 돌림병 탓에 단체 손님을 받기 힘들어 솥뚜껑 삼겹살이 잠시 빠졌을 뿐 지난 30년간 단골들이 꾸준히 찾고 사장이 타협한 역사가 고스란히 새겨진 메뉴들이다. 리뷰 하나 찾아볼 수 없던 오징어볶음이 그렇게나 훌륭했던 이유를 알았다. 고집스러운 사장과 호주머니 가벼운 손님들의 오랜 밀고 당기기 끝에 탄생한 메뉴판이니 한 글자도 빠질 필요 없던 것이지.

드물게 근사한

한 그릇의 오징어볶음.

30년의 업력이 녹아 있다고 생각하니

음식이 새삼 멋있게 보인다.

언제인가, 어느 골목에서였다. 사라질 위기의 노포 앞, 가게가 쫓겨날 위기에 놓여 오랜 단골들을 비롯한 시민들이 동트기 전부터 가게 앞을 지키고 있다. 공통점이라고는 이 집의 단골이란 것과 이 집을 잃어버릴 수 없다는 마음 하나뿐이니 그 군상도 참 다양하다.

이름 하나 없던 골목에 자리를 잡은 가게들의 수십 년 노력과 단골들의 의리가 소위 먹자골목을 만든다. 서울의 굽이진 골목, 작고 소중한 가게들. 이제야 그 가치를 인정받으며 이름 붙여지는 골목들은 모두 그렇게 만들어졌다. 장사 잘될 때 빚이라도 내서, 입주한 건물을 샀으면 다행이지, 그런 생각일랑 않고 우직하게 손님 맞이하던 가게들은 이내 쫓겨날 위기에 놓인다. 땅값이 오르고, 세가 오르고, 프랜차이즈가 들어온다. 건물이 '꾼'들에게 하나, 둘 넘어가고 터줏대감 가게들이 하나둘 사라진다. 저기 저 집 사장, 건강이 좋지 않다 하고 또 어느 집은 물려받을 사람이 없다 하고. 말은 그렇게 하지만 대부분 쫓겨나는 실정이다. 30년 넘게 장사한 곳에서 하루아침에 쫓겨나는 일을 그냥 그렇게 인정하는 게 어디 쉬운 일일까. 억울하다 말하고, 계속 장사를 하고 싶다 말하는 가게에는 어김없이 용역 깡패가 들이닥친다. 서울 바닥에서는 100년 가게란 말이 참 무색하다. 하나의 가게가 아닌 '골목'이 중요한 이유이기도 하다. 혼자가 아닌 여럿이어서 문화가 되었건만, 건물주들은 꼭 혼자가 되어 골목을 지배해야겠다는 욕망을 기어코 온 세상에 떨치고야 만다.

이놈의 도시는 그 욕망을 두고 '용기'라 하고, 홀로 일군 상권이 아님에도 독점하려 하는 것을 '실력'이라 한다. 그렇게 사라진 가게와 골목이 한둘이 아니다. 100년 가게가 될 수 있었던 숱한 가능성들은 소리도 한번 지르지 못하고 사라졌다. 그렇게 골목이 사라지고 나면 못내 아쉬워 한숨만 쉬고, 기별도 없이 떠난 가게에 섭섭해했던 시간들이 있다. 서울은 그 한숨이 한데 모여 한이 된 곳이다. 밟고 있는 모든 땅, 쫓겨난 가게와 사람들, 그들을 사랑했던 손님과 이웃들의 한숨이 한 줌씩은 서려 있는 곳이다.

그 새벽, 그렇게 단골들이 모여 있었다. 우리가 이 가게에 쏟은 시간이 얼마냐, 그러는 사이 정든 단골과 사장의 마음은 대체 얼마짜리냐, 그래서 그 모든 개인적인 시간이 이 골목의 흥행과 전혀 무관한 것이냐 하는 꼬리에 꼬리를 무는 번민 끝에 결국 법보다 단골이 먼저라는 결론이 난다. 그러니 우리는 그 새벽에 이제는 한 뼘도 뺏길 수 없다며 가게 앞에 모였다. 이 도시의 지분을 수치화할 수 있다면, 그 지분의 8할은 우리와 같은 사람들의 것이리라. 지폐 몇 장에 울고 웃고, 없는 메뉴 찾아가며 주방장 닦달했던 못난 시절과 안주 하나에 눈칫밥 먹으며 시간을 죽이던 사람들의 것이리라.

다시 오징어볶음과 부대찌개다. 공간에 시간이 온전히 쌓이는 일은, '100년 가게'라는 말이 무색한 이 서울 바닥에서 단지 음식 실력만으로 가능한 것은 분명 아닐 것이다. 아직 알지 못하는 배경과 앞으로도 알 수 없을 수많은 우연에 보이지 않는 의지들이 모여 가게를 지켜왔을 것이다. 동네 단골이 가게 문간 못 넘을까 싶어 방송 출연도 거절했는데, SNS 맛집으로 오르는 일은 막을 도리가 없다더라. 부부는 젊은 사람들 부지런함에 오랜 단골이 못 올까 싶어 걱정이다. 에이, 30년 동안 가게 문간 닳도록 오가던 사람들이 잠시 잠깐 유행에 그 맛을 잊을까. 오징어볶음 맛있는 줄은 아는 사람만 알리라. 혹시 나처럼 우연히 그 맛을 알아버린 사람들은 단골손님의 막내가 되어 30년 노포가 100년 가게가 되는 긴 여정의 단단한 한 축을 감당하게 되겠지. 아무렴 나는 기꺼이 벽돌 스무 개쯤은 넉넉히 보태야겠다고 마음먹는다. 내 집 마련은 글렀어도 단골 가게 하나쯤은 지키며 살고 싶다. 이 거대한 도시, 그렇게 자국 하나 정도는 남겨놓고 살아야지.

불광동 골목,

대가 없는 노력의 맛

12

- 고깃집에서 받아온 월계수 잎이 남았다면 그럴싸한 집들이 메뉴를 내놓을 수 있다.
- 고추장 없이 고춧가루로만 요리한 맑은 닭도리탕에 남은 월계수 잎을 넣어 끓여낸다.
- 허브 몇 장으로 훌륭한 한 끼, 그럴싸한 안주가 된다. 소주든 와인이든 넉넉히 커버 가능.
- 집들이 요리의 킥은 공을 들이지 않고 만드는 약간의 '차별화'!

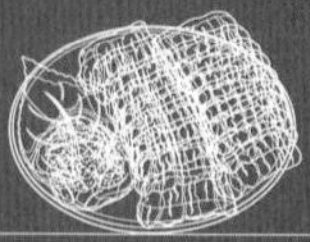

이른 아침이면 찬 기운이 슬며시 내려와 기분 좋은 동네에 산다. 비 오는 날에는 출근길에 잠시 멈춰 구름이 낮게 걸터앉은 근사한 북한산을 바라보는 일이 퍽 즐겁다. 싼 집 찾아 돌고 돌아 북한산 자락 아래 불광동에 터를 잡았다. 나름의 기준은 있었다. 오래되고 저렴한 집, 반지하여도 괜찮으니 가능한 한 넓은 집, 거실에 식탁을 두어 손님을 초대할 수 있고, 낡아도 갖출 건 갖춘 부엌이 있는 집이 기준이었다. 계약을 하고 입주하기로 한 날이 다가왔다. 가구와 가전기기 대부분 중고 매장에서 구매했지만, 식탁만큼은 새것을 쓰고 싶었다. 이사를 도와준 지인과 함께 이케아에 들러 10만 원짜리 식탁을 샀다. 의자까지 세트로 마련할 돈은 없었다. 우선 들여놓고 돈 남을 때마다 하나씩 더 놓을 심산이다. 빈집에 도착하니 전 세입자가 청소를 하다 만 것이 눈에 띄어 또 몇 시간을 그렇게 욕지거리 해대며 청소를 한다. 짜장면에 탕수육으로 그날의 일당을 받은 내 지인들은 청소에 가구 조립까지, 가능한 모든 노동에 동원되었다. 이사란 그런 것이다. 짜장면으로 대금을 후려친 노동의 값은 언젠가 돌고 돌아 갚게 되어 있다. 그 믿음 하나로 하루를 버티는 사람들과 함께 서울 세간살이는 돌고 돈다.

찾아오는 손님들에게 주소를 보내면 어김없이 다 왔노라 해놓고 길을 헤맨다. 꼭 한 번은 대로변까지 나가 집으로 모셔와야 한다. 택시라도 부르는 날이면 기사님에게 미안해 대로변에다 잡아놓고 도착 전에 부랴부랴 나가느라 바쁘다. 그리 깊은 골목도 아니건만, 다닥다닥 붙어 있는 벽돌집들이 꼬이고 꼬여 길을 한 번에 찾기가 쉽지 않다. 누가 심었는지 모를 골목 초입 빌라의 예쁜 목련 나무를 지나 어설프게 포장된 골목길을 걷다보면 집에 도착한다. 역세권은 아니지만 버스노선이 편리하고, 장 볼 만한 시장은 좀 멀어도 슬리퍼 신고 어슬렁거리며 나갈 수 있는 거리에 편의점이 있는 나의 낡은 B101호. 종종 등장하는 돈벌레는 우리 집 고양이들의 장난감이다.

식탁과 세트인 의자는 결국 두 개만 구매를 했다. 의자 값이 곧 식탁값이라는 것도 뒤늦게 알았다. 네 개를 전부 사려니 돈이 아까워 두 개는 중고 간이 의자를 업어왔다. 그렇게 네 명이 앉을 수 있게 되었는데, 손님을 부르다 보니 종종 다섯 명, 여섯 명이 된다. 바닥에 앉힐 수는 없으니 양옆에 또 간이 의자를 놓았다. 접이식 교자상을 두는 것이 어떻겠느냐 얘기를 들었는데 그건 또 싫다. 식탁에 앉아 음식을 먹고 수다를 떠는 것이 자취 인생 10년에 달하는 동안 로망이었는데 이렇게 포기할 수는 없다. 거실이라곤 해도 소파를 놓을 만큼의 크기가 안 나오는 민망한 수준, 그래도 꾸역꾸역 여섯 명이 앉아 저녁을 보내곤 한다. 30년이 넘은 집이다. 언제 들여놓은 것인지 알 수 없는 옥색의 낡은 주방은 왜 그리 높이가 낮은지 요리와 설거지를 할 때면 허리를 구부정하게 굽혀야 한다. 그나마 원룸 주방보다는 나은 수준이다. 화구가 두 개 달린 가스레인지와 통삼겹 한 토막 겨우 들어갈 당근마켓 출신 미니 오븐을 들여놨다.

화구 하나에는 짜글이를 올리자. 찌개용으로 포장된 돼지 앞다리살에 감자, 양파, 대파와 고추장 넣고 푹 끓이면 된다. 끓는 동안 뚜껑을 열어볼 필요도 없으니 바쁘게 준비할 때에는 이만한 것이 없다. 6인분의 손님상을 차릴 때는 계산기를 열심히 돌려야 한다. 주방 기구에는 한계가 있으니 중간중간 설거지를 해야 하고, 화구도 두 개뿐이니 메뉴가 세 개를 넘어가면 어떤 냄비를 먼저 불에 올려야 할지 면밀히 고민해야 한다. 정 어려울 때는 오븐을 이용하자. 빨간 양념을 한 제육을 프라이팬에 올리지 말고 오븐 트레이에 넣어 구우면 꽤 그럴싸한 요리가 나온다. 마늘은 괜히 통마늘, 고기 사이사이 월계수 잎도 몇 장 끼워 넣으면 와인 안주 하는 사람들에게 호평인 제육오븐구이 완성이다. 잠시 짬이 난다면 냉장고 한편에 늘 쟁여두는 방울토마토를 반으로 썰어서 스텐 볼에 담아보자. 소금과 후추 약간, 발사믹 식초 뿌리고 스트링 치즈든 파마산 치즈 가루든 찢거나 뿌려 넣으면 먹을 만한 샐러드가 나온다.

짜글이가 바글바글 끓고 있다. 바짝 졸아 타지만 않으면 된다. 약불로 줄이자. 상에 내놓을 때까지 이제 신경 쓰지 않기로 한다. 메인이 파스타라면 상황은 복잡해진다. 거의 완성된 짜글이를 잠시 내려놓고, 면을 삶는 동안 남은 화구에 프라이팬을 올려 새우나 마늘 따위를 볶고 있어야 한다. 아이고, 정신이야. 내가 호스트인지 주방장인지 알 수가 없네.

사람들은 수다에 한창이다. 간혹 앉아 있기 민망한 손님

오래되고 저렴한 집

반지하여도 괜찮으니 가능한 한 넓은 집

거실에 식탁을 두어 손님을 초대할 수 있고

낡아도 갖출 건 갖춘 부엌이 있는 집을 고르고 싶었다.

이 부엌을 기웃거리며 할 일을 찾는다. 예의 바른 행동이지만 좁은 주방에 당신이 설 자리는 없다. 고마운 참견은 정중히 거절한다. 자리에 앉아 나의 시간을 기다려달라. 그동안 떠는 수다에 내 몫은 없지만 그래도 괜찮다. 아무튼 이건 내가 바라던 일상이니까.

그렇게 한 상을 다 차리고 나면 나는 한동안 말이 없다. 지치기도 했거니와 응당 들어야 할 한마디를 기다리며 느긋해지는 것이다. 새우파스타, 제육오븐구이, 방울토마토샐러드, 한 솥 끓인 짜글이가 오늘의 상이다. 요리 국적이 불분명한 것도 손님상의 특징이다. 파스타에는 간장이 들어가고, 제육에는 허브가 들어가며 토마토샐러드는 남는 재료를 털어 넣은 것이다. 배 채우기를 담당하는 짜글이 정도가 한식이라 할 만하네.

"맛있다!"
이 한마디를 듣기 위한 여정이었다. 온전한 나의 공간에서
이 한 그릇을 대접하기까지 참 오랜 시간이 걸렸다.

배달 음식보다 맛이 있는지, 식당 음식보다 가성비가 좋은지 굳이 따질 필요는 없다. 나름의 정성이 더해진 한 상이라

면 입맛이 허용하는 범위가 더 넓어지기 마련이다. 평소 먹던 것과 달라도, 낯선 감각에 어색한 한입이어도 괜찮다. 누군가가 자신의 눈앞에서 대가 없이 노력하는 모습은 일종의 주문이라 할 만하다. 어느새 주방과 식탁의 경계는 허물어지고, 각자의 혀는 앞에 둔 음식에서 이질감과 차이를 찾기보다 함께 얘기할 공통의 이야깃거리를 찾고 있다. 공백의 시간을 채우려 억지로 꺼내던 말들은 민망히 꼬리를 감췄다. 이제 우리는 공통분모에 집중하며 맛의 여정을 떠나는 동료들이다. 말머리는 술이고 끄덕이는 고개가 안주다. 한 그릇 요리가 피워낸 흐드러진 한판에서 신나게 춤추는 사람들에게 어색함은 없다.

그렇게 말에 취하고 사람에 반하다 보면 낯간지러운 순간이 찾아오기 마련이다. 내일이 오면 우리 사이에는 또 얼마만큼의 거리가 생기겠지만, 대가 없는 노력이 건 주문은 강력한 것이어서 그렇게 쉽게 사라지지 않는다. 모르는 사이 좁아진 딱 그 거리만큼, 우리는 또 거기서부터 서로를 향해 출발하겠지. 그 관계의 지분만큼이 내 몫이다. 세상에 대가 없는 노력이 어디에 있니.

불광동, 이 늙은 골목의 늦은 밤은 이상할 만큼 조용하다. 아침이면 부지런히 움직여야 하는 사람들의 사정이 꿈나라로 떠나는 동안, 밤을 지새우며 소곤소곤 수다를 떠는 사람들이 B101호에 있다. 집주인들은 반지하라 말할 수 없으니 '지층'이라 부른다. 세 들어 사는 사람은 반지하라 말하기 싫으니 꼭 B를 붙여 배달을 시킨다. 처음에는 그게 우스웠다가 배달 어플에 나도 모르게 "B101호"라 적는 모습을 보고, 전화로 주문하려 하면 'B'를 못 알아듣고 "네? 네?" 되묻는 소리에 짜증스럽게 "반지하요! 호수 하나밖에 없어요!" 하고 투덜거리고야 마는 내 모습을 보면 우습지가 않다. '평생 이렇게만 살겠습니다.' 하고 낭만 삼아 쉽게 내뱉고는 못 살겠다. 하지만 누군가를 대접하고, 설거지라도 하고 가겠노라 우겨대는 손님들을 억지로 집에 돌려보낸 뒤 늦은 밤 정리를 모두 끝내고 나면 텅 비어 있는 여섯 개의 반듯한 의자가 어쩐지 좋았다. 낡은 몰딩, 정체 모를 옥색의 부엌, 유일하게 새것이었으나 이제는 내다 팔 수도 없는 흠집투성이 4인용 식탁이 좋았다. 대가 없는 노력이 그렇게 내 마음에도 주문을 걸었다.

자존감을
지키는 일은

순댓국
한 그릇에서부터

13

- 유난히 일찍 일어나야 하는 날이 있다.
- 기왕지사 집을 나서야 한다면, 아예 30분을 더 일찍 일어난다.
- 새벽같이 문을 열고 손님을 맞는 국밥집을 찾아간다.
- 늦은 해장, 또는 이른 아침을 맞는 사정 사이에 하루를 욱여넣자.

하여간 급하게 끼니를 때우는 일은 삼가며 살고 싶다. 아침이라면 커피 한 잔에 하루 일정 곱씹어보면 좋겠고, 점심이라면 반찬 몇 가지 곁들인 백반을 꼭꼭 씹어 넘기며 나른한 오후를 견뎌낼 힘을 받고 싶다. 마침내 저녁이 되면 좋은 사람 몇과 수다를 떨며 하루를 마감하는 것이 아마도 좋은 인생일 것이다. 누군들 그렇지 않을까. 매일 먹는 식사가 그저 몸뚱이에 연료 채우는 일이 아니라 반복되는 일상에 겹겹이 자존감을 쌓는 일일 수 있다면, 우리는 좀 더 나은 사람이 될 수 있을 텐데. 그저 바람일 뿐이다. 원인과 목적도 알 수 없는 일상이 밀려올 때면 무언가 잃어버리며 살고 있다고 주문처럼 외지만 딱히 벗어날 묘수도 없으니 그저 그런가 보다 하고 목구멍에 편리함을 밀어 넣는다.

요식업은 시절 따라 그 모양을 달리하며 살길을 도모할 것이다. 편리하되 성의 없는 음식을 내는 프랜차이즈라지만 마냥 그 탓만 하고 살 수는 없다. 단순화된 조리법에 기반한 자극적인 음식의 탄생에는 우리의 필요가 짙게 농축되어 있다. 한 그릇, 또는 한 개의 끼니용 제품들은 분명한 수요가 있기에 존재한다. 그 수요의 대부분을 차지하는 나 같은 평범한 인생들은 억울할 만도 하다. 기꺼이 현대사회의 굴레에 뛰어든 것이 아니기 때문이다. 너 나 할 것 없이, 심지어 기댈 만한 어른들까지도 '한 개의 제품'을 먹고 사는 일이 그렇게 나쁜 일은 아니라고 몸소 증명하며 제 살 깎아 먹듯 살았기에 우리도 그런가 보다 하며 이 쳇바퀴를 굴리기 시작했다.

유행 따라 사라지는 가게들과 바쁜 일상에 제대로 된 한 끼 식사 챙겨 먹을 여유가 없는 현대인들의 사정 속에서 묵묵히 자신의 세계관을 고집하는 장르가 있으니, 바로 국밥이다. 점심시간 야박해도 상관없다. 퇴근길 바쁜 걸음으로 돌아가는 길에도 어쩐지 생각이 난다. 혼밥도 문제없고, 저녁 안주로 여럿이 먹기에도 더할 나위 없다. 역세권에 못 살아도 높은 확률로 국밥집 하나쯤은 걸어갈 만한 거리에 있기 마련이다. 밤늦게 일을 해야 하는 사람들과 새벽같이 일을 나가야 하는 사람들을 위해 화구의 불을 끄지 않는 24시간 국밥집도 있다. 국밥 한 그릇을 1국밥이라 부르며 '치킨 한 마리는 3국밥'이라는 농담이 유행처럼 돌기도 했다. 심적으로 안정되는 물리적 거리에, 납득 가능한 가격 선에서 결코 벗어남이 없는 국밥은 그렇게 우리 식문화 깊은 곳에 자리를 잡았다.

급하게 끼니를 때우면서도 오후를 견딜 힘이 되고, 따로 약속을 잡지 않아도 좋은 사람들과 수다를 떠는 명분이 되는 한 그릇의 힘. 그중에서도 국밥이라는 큰 장르의 하위 항목이면서 대명사이기도 한 순댓국. 순댓국이 국밥의 대표 주자라는 데에는 다들 이견이 없으리라. 곰탕, 설렁탕, 도가니탕 등 국밥의 심오한 세계관에는 끝이 없고 어디서부터 어디까지가 국밥이냐는 논쟁도 붙여볼 만하지만 한 그릇에 소주 한 병, 계산대에서 지폐 한 장으로 해결할 수 있는 음식의 지위로서 순댓국의 입지는 굳건하다.

회의를 가는 길이다. 당연하게도 아침은 걸렀다. 회의까지 약 50분 정도를 앞두고 있는데 분식이나 편의점 제품을 먹고 싶지는 않다. 이렇게 점심을 때우거나, 고민 끝에 거르게 된다면 오늘의 바쁜 일정을 소화할 자신이 없다. 주린 배야 채

혼밥도 문제없고

저녁 안주로도

급한 끼니로도 어김없이

속을 든든하게 채워주는

순댓국 한 그릇의 힘.

우면 그만이고 허기진 영혼이야 퇴근으로 해결한다지만 왜인지 오늘만큼은 대충 넘기고 싶지 않다. 도미노처럼 무너지는 일상의 자존감에 쉼표를 두고 싶었다. 그 일은 꼭 이 한 끼를 제대로 해결하는 데서부터 시작할 것만 같다. 선택지가 많지 않다. 오랜 단골이 있는 동네가 아니라면 더 그렇다. 그럴 때면 감을 믿고 눈에 보이는 순댓국집의 문을 두드려보자. 틀린다 한들 당연하게 제시된 이 거리의 '제품'들보다 나쁠 일이 있을까.

그렇게 만난 순댓국집이 있다. 서대문역 사거리, 높은 빌딩들과 경찰청 사이 숨바꼭질하듯 숨어 있는 가게 중 하나이다. 벌컥 문을 열려고 하면 낭패를 본다. 좁은 미닫이문을 옆으로 밀어야 가게 안에 들어갈 수 있다. 식탁 몇 개, 나머지는 좌식 밥상이다. 삼삼오오 짝지어 점심을 먹으러 온 직장인들이 있다. 한편에는 혼자 앉아 있는 할아버지가 있다. 점심시간 식당 자리를 혼자 차지하는 것은 꽤 용기가 필요한 일이지만 국밥집에서는 어느 정도 용서받는 느낌이랄까. 정 어려우면 합석을 해도 괜찮으나 테이블 회전이 빠르니 그럴 일은 많지 않다. 직장인들이 많은 순댓국집이라면 필시 맞춤형 주문이 가능할 것이다. 내장만, 고기만, 순대만, 또는 순대는 빼고 정도의 주문은 민폐가 아니다. 원치 않게 국밥집에 끌려오는 사람들이 있으니 호불호 있는 부위를 뺄 수 있도록 배려해주는 것이다. '순대는 빼고'를 외쳤다. 당면순대 몇 조각 빼고 고기를 몇 점 더 얹는 편이 왠지 이득을 보는 기분이다. 순대는 갓 쪄낸 것을 쌈장이나 소금에 찍어 먹는 것이 맛있기도 하고.

'순대는 빼고'를 외치고 나니 사장님 표정이 난처하다. 아무래도 이 집 전통에 순대를 빼는 일은 영 허락받기 어려운 일인가 보다. 이럴 때는 미안한 표정을 짓고 재빨리 주문을 바꾸는 것이 상책이다.

"우리 집은 순대가 들어가야 국물 맛이 나요."

아, 이보다 납득 가는 설명이 있을까. 너무 쉽게 그저 그런 순대일 것이라 생각한 스스로가 부끄럽다. 미닫이문을 열 때 반신반의하던 마음이 사그라들었다. 순대가 들어가야 비로소 제대로 된 맛이 나는 순댓국이라니! 이 당연한 말이 낯설고 설레기 시작했다. 말이 순댓국이지 그동안 순대와는 도무지 연관성을 찾을 수 없는 고깃국을 얼마나 많이 먹어왔던가. 이럴 거면 돼지국밥이지 왜 순댓국이냐고 큰일 날 소리를 혼자

되뇌지 않았던가. 나는 이밥에 고깃국을 좋아하지, 실은 순댓국을 좋아하는 것이 아닐지도 모른다고 생각했던 지난 시간들에 오늘로서 종지부를 찍을지 모른다. 설레지 않을 수가 있나.

그렇게 나온 순댓국의 모습이 범상치가 않다. 약간의 콩나물, 미리 넣어둔 다대기, 파 고명 그리고 압권의 순대! 얇은 소창으로 감싼 보통의 순대가 아니다. 비닐 같은 식감의 아무 맛 나지 않는 콜라겐케이싱은 더더욱 아니다. 두꺼운 외피의 대창에 돼지 피와 고명을 알뜰히 집어넣었다. 몇 점만 먹어도 배부를 것 같은 압도적인 대창순대의 모습. 이러니 순대를 빼겠다는 말이 가당키나 했을까. 혹여나 고집스럽게 빼겠노라 말할까 걱정이 되지 않았을까. 빈틈없이 채워진 거대한 순대에 숨구멍 찾아 쉴 틈 없이 국물이 오가며 온갖 맛을 끌어내고 있다.

부품 하나 빠지면 작동이 안 되는 정교한 기계마냥 설계된 한 그릇의 음식이다. 자칫 느끼할까 콩나물이 순대와 머릿고기의 기세를 눌러준다. 다대기가 먼저 들어간 것이야 호불호가 있을 것이다. 하지만 이렇게 완성된 한 그릇 음식이 주는 나름의 만족감은 간과해서는 안 될 점이다. 짜고 매운 정도를 조절하는 보통의 순댓국이 먹는 사람의 취향을 존중하는 데에서부터 시작한다면 이 순댓국은 혀의 멱살을 잡고 끌고 가겠다는 의지가 분명하다. 자의식을 잠시 내려놓고 도면을 그린 사람의 의도를 조심스레 짐작하며 따라가다 보면 이 노포가 오랫동안 지키고자 했던 맛의 세계가 펼쳐진다. 선택지 없는 마천루의 거리에서 한 그릇의 순댓국은 그렇게 타협하지 않고 자리를 지켰다. 짧은 내 점심시간에 아랑곳없이, 무수한 직장인들을 유혹하는 제품들 사이에서 의젓하게 살아남은 이 한 그릇의 소소한 승리가 그렇게 펄펄 끓고 있다.

일상의 자존감을 지키는 일은 순댓국 한 그릇에서부터 시작한다. 나도 모르는 사이 값싸게 팔려버린 시간과 따뜻한 밥상의 가치를 지폐 한 장에 다시 사오는 격이다. 가치 절하되었던 내 자존감이 한 그릇 국밥에 담겨 몇 가지 반찬과 함께 한 상이 되었다. 길어야 30분, 머리를 박고 숟가락질을 한다. 송골송골 맺힌 이마의 땀이 기분 좋다. 그렇게 또 하루를 살자. 국밥이 지켜온 시간만큼을 그렇게 살아내자.

천막 성찬의 사워도우와

거저 받은 일상의 소중함

14

- 충분한 시간과 충분한 인내심이 필요하다.
- 친절한 가이드가 없다면 몇 번의 실패는 각오한다.
- 그렇게 나온 빵도 그런대로 맛있어.

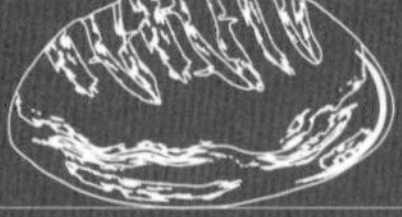

"중간중간 기다려야 하니 일할 거리를 가져오시는 게 좋겠어요."

볕 좋은 날, 처음 방문하는 집에 선물도 없이 그렇게 덜컥 찾아가게 되었다. 일할 거리 살뜰히 들고, 시간도 넉넉히 빼두었다. 손을 깨끗하게 여러 번 씻는다. 슬슬 빵을 만든다는 것이 실감이 가기 시작했다. 내가 빵을 직접 만들게 되다니. 빵이라면 기껏해야 소시지빵을 가끔 사 먹는 정도일까. 자극적인 맛으로 속이 채워진 종류의 빵이 아니라면 굳이 먹어야 할 필요를 느끼지 못하고 살았다. 음식이라면 직접 만들어 먹는 편이 좋다고 생각하는데, 제빵은 어쩐지 주방에서도 너무 멀리

떨어져 있는 미지의 영역처럼 느껴지기도 했다. 그런 내가 추억에 남아 있는 어떤 빵을 배우고 싶어 오랜 동료의 집을 방문했다. 손을 박박 씻고 밀가루 묻을까 앞치마를 동여매는 내 모습이 어쩐지 낯설고 긴장된다.

사워도우sourdough의 기본은 발효다. 공장식 제빵에서는 이스트를 집어넣어 단순하게 처리하는 과정이지만, 제대로 된 사워도우를 만들기 위해서는 꼭 발효가 필요하다. 며칠에 걸쳐 곡물 발효종을 만드는데 이걸 프랑스어로는 '르방'이라 하고, 영어로 '사워도우'라 하는 것 같다. 빵을 만들기 전날 밤, 적당량의 밀가루, 물, 소금에 발효종을 섞어 사전 발효를 하는 데 적게는 12시간, 많게는 16시간이 걸린다. 그렇게 완성된 반죽을 휴지시키는 것을 시작으로, 손반죽과 1, 2차 발효를 반복하다 보면 손바닥만 했던 반죽이 예쁘게 부풀어 오르는 것을 볼 수 있다. 바쁜 것처럼 적었지만, 실제로 해보면 인간의 바쁜 손노동보다는 충분히 시간을 두며 인내심을 가지고 기다리는 일이 대부분인 작업이다.

공사장 펜스 앞, 파란 천막 아래에서 예배를 드린다. 어설프게 세워놓은 십자가 하나마저 없었더라면 이곳에서 종교 행사가 진행되고 있다고는 아무도 생각지 못했을 것이다. 당장이라도 넘어질 듯 위태로운 접이식 테이블에는 뚜껑 덮인 그릇과 잔이 하나 올라와 있다. 하얀 가운을 입은 목사가 조심스럽게 뚜껑을 열자 커다란 빵 한 덩이가 보인다. 잔에는 붉은빛 포도주가 찰랑거린다. 천막 아래 앉아 있는 사람들은 어쩐지 지쳐 보였다. 한여름 더위를 먹은 탓일까, 에어컨은커녕 선풍기 한 대 없는 사방 뚫린 천막의 사람들이 지친 얼굴로 목사를 바라본다.

목사는 무어라 말하며 커다란 빵을 들고 공중에서 반으로 찢었다. 거친 표면이 갈라지며 속살이 드러난 빵은 다시 그릇에 놓였다. 기타를 쥐고 있는 이의 손가락이 튕기자 조용한 노래가 시작된다. 천막 안의 사람들이 하나둘 일어나더니 빵과 포도주가 있는 식탁을 향한다. 찢긴 빵을 더 잘게 나눠 고루 쥐어준다. 사람들은 손에 쥔 빵 조각을 포도주에 찍고 훔치듯 입으로 가져간다. 바짝 말랐던 입에 포도주와 빵이 닿더니 이내 침이 고였다. 거친 빵이 수분을 만나 입속에서 잘근잘근 씹힌다. 그렇게 씹다 보면 밀의 단맛이 난다. 부드러운 공장 빵에서 느낄 수 없는 야생의 맛이 난다.

"주님의 몸과 피입니다."

빵과 포도주를 나눌 때 목사가 하던 말이다. 우리는 그렇게 성찬을 했다. 예수의 죽음을 기억하는 방식이고, 천막 아래의 사람들이 같은 허기짐을 공유하고 있는 동료임을 확인하는 시간이다. 레오나르도 다 빈치의 '최후의 만찬'이 그렇게 재현된다. 기본적으로 성찬은 식사다. 몸의 배고픔보다는 영혼의 외로움을 채우는 식사.

오래된 골목이 있다. 낡은 계단과 늙은 여관 건물이 좁은 길을 두고 얼기설기 뒤엉켜 있다. 독립문역 사거리를 가운데에 두고 서대문형무소와 마주 보고 있는 이 골목의 이름은 '옥바라지 골목'이다. 갇히고 고문당하던 독립운동가를 옥바라지하기 위해 상경한 가족과 동료들이 머무르면서 여관방과 식당이 생긴 것이 유래란다. 글을 몰라 편지 한 줄 적을 수 없는 이들이 많아, 글을 대신 써주는 대서소가 있기도 했다. 군데군데 오래된 한옥은 근현대사에 굵직한 족적을 남긴 사람들의 것이라는 이야기도 얼핏 들었다. 해방되고 42년이 흐른 1987년, 형무소가 이전하기까지 민주화운동가들을 옥바라지하던 가족들이 여관방에 머무르기도 했다 하고 구청이 나서서 안내판을 붙이기도 했으니 구전 내려오듯 불렀던 '옥바라지 골목'이라는 명칭이 그럴싸하다.

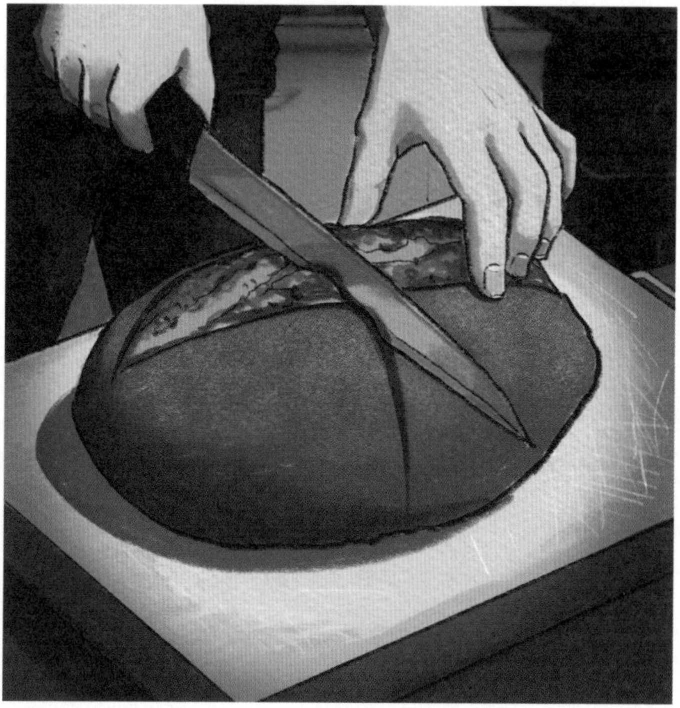

사워도우 요리는 전날 밤부터 시작된다.
이 빵의 핵심이 발효이기 때문이다.

밀가루, 물, 소금과 발효종이 만나
부드럽게 부푸는 것을 보고 있노라면
정작 인간이 하는 일은 별로 없다는 생각이 든다.

그동안 우리 도시에서 '보존'과 '개발'의 갈등은 싸움 붙여볼 필요도 없는 이야기처럼 여겨졌다. 오래된 건물과 노포, 골목들은 성장가도를 달리는 서울에 있어 불필요한 과거의 흔적으로 치부되었고 보존을 이야기하는 목소리는 발전이라는 미명 아래 손쉽게 묵살됐다. 그렇게 흔적을 지우고 열심히 쌓아 올린 빌딩과 아파트가 도대체 누구를 위한 것이었는지 뒤돌아볼 만큼 시간이 지났을 때는 이미 너무 많은 것을 잃어버린 뒤였다.

옥바라지 골목은 그 개발 폭풍 속에서도 비교적 오래 살아남은 공간이었다. 2016년, 구청이 나서서 붙였던 '옥바라지 골목' 안내판이 떼어지고 '무악 제2구역'이라는 행정상의 명칭이 붙을 때까지 말이다. 뒤늦게 재개발 소식을 듣게 된 나는 몇 가지 짐을 챙겨 아직도 영업을 하고 있던 마지막 여관, 구본장여관 301호에 입주했다. 계속해서 골목에 살기 원하는 원주민들을 비롯해 도시연구가, 활동가, 문화예술인들이 좁은 골목에 모여 철거가 아닌 보존을 주장하고 있었다. 오래된 골목에 교수부터 인디 가수에 종교인까지 모여 문화제며 예배를 드리니 분위기가 남달랐다. 철거를 앞둔 동네라고 하기엔 밝고 즐거웠달까. 주민들과 함께 밥을 먹고 밤을 새워 옥바라지 골목을 보존할 방법을 토론했다. 그렇게 만나 지금까지 관계를 이어온 반가운 인연도 많다.

강제집행이 예정되어 있던 어느 이른 아침, 골목을 꽉 채울 만큼 많은 사람이 개발이 아닌 보존을 주장하며 모였건만 그보다 더 많은 숫자의 용역들이 들이닥쳐 삽시간에 끌려 나왔다. 벽돌로 유리창을 깨고, 소화기를 뿌려 눈을 못 뜨게 한다. 하나같이 법에서 금지하는 일이건만 어디 호소할 곳도 없다. 먼저 끌려 나온 사람들이 경찰에게 항의를 해봐도 소용이 없다. 익숙한 풍경이지만 적응이 되질 않는다. 강제집행은 문서 한 장으로 이루어지는 간단한 법 절차다. 그렇게 끌려 나오면 통행을 금지하는 펜스가 쳐지고, 강제집행 완료를 의미하는 종이 한 장이 떡하니 붙는다.

어떤 역사가 사라지는 데에 달랑 종이 한 장은 너무 간편하다. 그게 주민 개개인의 삶이든, 그 골목의 오래된 역사적 가치이든 말이다. 부수고 다시 짓는 시간보다 더 오랜 시간 조사하고, 대화하고, 협상해야 한다. 너무 짧은 시간 동안 거대한 물리력을 집약적으로 좁은 곳에 쏟아붓는다. 보존이니 생존권이니 하는 거추장스러운 이야기들을 한 번에 뭉개야 뒷말이 나오지 않기 때문이다. 그러나 인간의 삶은 간단치 않다. 쫓겨나는 사람의 사정은 종이 한 장에 압축되는 법이 없고 그리 쉽게 뭉개지는 법도 없다. 그렇게 펜스 앞에 파란색 천막이 쳐졌다.

천막 아래 함께 성찬을 하며 나눠 먹었던 그 빵의 이름이 '사워도우'다. 물, 소금, 공기만으로 만드는 가장 오래된 빵이다. 정확히 말하면 빵 종류의 이름이라기보다 빵을 만드는 방식에 붙여진 이름이라고 한다. '천연 발효' 정도로 번역할 수 있을까. 매주 성찬하는 모습을 보고, 친절한 동료가 사워도우 빵을 크게 구워왔다. 성찬용으로 나오는 얇은 공산품 전병을 쓰다가 그릇에 가득 차는 크기의 멋들어진 갈색 빵 한 덩이를 함께 나누니 그 의미가 남달랐다. 가진 것을 함께 나누어 배곯는 이 없이 평등하게 배부르자는 성찬의 취지에도 걸맞는다. 신문지에 싼 직접 구운 빵을 선물받아 예배 때 나누었던 그날의 기억은 오랜 시간이 지나도록 잊히질 않았다. 몇 년이 지나, 그때 빵을 선물해주었던 동료에게 빵 굽는 방법을 가르쳐줄 수 있겠느냐고 물어, 오늘의 만남이 성사된 것이다.

"인간이 하는 일은 얼마 없어요."

발효종을 만드는 일부터 재료 준비까지 충분히 많은 노

동을 했지만, 그래도 인간이 하는 일이 별로 없다고 말하는 그 한마디가 좋았다. 밀가루를 물에 개어 먹던 어느 고대인이 실수로 방치해둔 밀가루 반죽. 그 반죽이 우연히 공기 중 효모를 만나 발효되며 인류의 첫 사워도우가 탄생했다. 물과 밀가루가 효모의 노동을 만나 가장 오래된 주식 중 하나인 '빵'이 되었다. 열심히 일한 효모의 흔적은 공기 방울로 남아 반죽을 크게 부풀렸다. 한 덩이의 밀가루로 여러 명이 식사를 해결하게 되었다. 가루 상태에서는 소화되지 못하고, 충분하지 못했던 온갖 영양소는 발효 작용을 통해 더 풍성해진 채로 인간의 몸에 흡수된다. 거기에 독특한 풍미와 부드러운 식감이 더해진 것은 말할 필요도 없다. 그 빵이 만들어지는 동안 열심히 제 일을 하는 효모를 도우며 모든 과정을 마주하고 있다고 생각하니 이 순간이 특별해진다. 6000년 전, 초기 인류의 주방 어딘가에서 마법을 부렸던 효모가 오늘 동료들의 작은 주방에서 재현되고 있는 것이다.

빵을 주식 삼은 동네의 사람들은 아주 오래전부터 그저 방치해뒀을 뿐인 반죽이 부풀어 오르는 것을 거저 받은 것으로 여기고 빵을 신성하게 여겼다. 기독교의 성찬에서 빵을 나누어 먹는 이유도 별반 다르지 않을 것이다. 거저 주어지는 것이 없다고 말한다. 정말 그런가? 우리의 도시는 수없이 많은 거저 주어진 것들에 빚을 진 채 살고 있다. 나의 하루는 어떤 이의 보이지 않는 노동에 기대고 있다. 그 노동이 모두 어디에서 왔는지 알 수 없으니 오늘의 하루는 거저 받은 것이라 생각하는 쪽이 옳을 것이다. 수치화되지 않는 일들이 있다. 한 골목과 동네, 나아가 도시의 문화를 만들기 위해 오갔던 수없이 많은 사람들의 흔적은 뭘 어떻게 해도 숫자로 남지 않는다. 다만 부동산이라는 이름의 숫자만 남아 그것을 소유한 이들의 몫만 주장되고 있을 뿐이다. 그걸 거저 받았다고 생각지 않으니, 이 도시의 소유자로 이름 붙여진 수없이 많은 사람들은 각자 자신의 몫만을 주장하며 분열에 분열을 거듭한다. 그 분열의 끝이 과연 지속 가능한 세상일 수 있을까.

모든 발효를 끝내고, 예열된 오븐에 빵이 들어간다. 15분 정도를 굽다가 온도를 낮추어 다시 25분을 구웠다. 예쁘고 큰 빵 한 덩이가 나왔다. 그날 성찬에서 봤던 빵 그대로이다. 원래는 두 시간을 더 식혀서 먹어야 한다는데, 이걸 참을 수가 있나. 빵칼로 겉면을 긁으니 기분 좋은 소리가 난다. 크러스트라고 해야 하나, 단단하게 골고루 잘 익었다. 석석 잘라내 단면을 본다. 공기 방울이 예쁘게 자리를 잡았다. 효모가 열심히 일했구나. 고맙다. 그날, 성찬의 기억을 따라 꼭꼭 씹어 먹기로 했다. 아무것도 곁들이지 않은 거친 빵을 씹는다. 사워도우 특유의 신맛이 있다. 발효가 되면서 나오는 자연스러운 맛이다. 그 신맛에 자극받아 침이 고인다. 씹을수록 고소하다. 그는 꼬박 하루가 걸려 구운 빵을 가져다주었던 것이다. 추억에 애틋한 마음까지 더해져 뭉클한 빵이 되었다. 빵을 구웠을 뿐인데 얻어가는 것이 많다. 남은 빵은 소금 후추 잔뜩 뿌린 올리브오일에 찍어 먹자, 거저 받은 일상 앞에 겸손하며.

누군가와
살아갈 자격은

모두에게
있다

15

- 해산한 고양이를 위해 북엇국을 끓인다.
- 고양이에게 염분은 독이다. 북어의 염분이 충분히 빠지도록 물에 불려서 사용한다.
- 간을 하지 않고 끓인 북엇국을 완전히 식혀서 낸다.

고양이를 '키운다'는 말이 가능할까? 이만큼 자기 주관이 뚜렷한 존재도 드물다. 의사표시는 확실한데 도무지 이유를 알 수 없다. 슬픈 눈동자로 나를 응시하며 구슬프게 울기에 한껏 안아주려 하면 저만치 도망가 또 그렇게 한참을 운다. 어제까지 잘 먹던 간식이 오늘은 왜 그리 마음에 들지 않으실까, 포장만 뜯어놓고 갈 길 없어 황망한 육포를 만지작거린다. 길가를 걷다 만나는 고양이들은 담벼락에 앉아 꾸벅꾸벅 졸고 있다. 인기척이라도 내면 눈을 지그시 뜨고 잠깐 쳐다보고는 이내 다시 눈을 감고 햇살을 즐긴다. 앉아서 졸기만 하는데 왜 한참을 쳐다보게 될까, 왜 품격이 있어 보일까?

이해 못 할 아득한 거리를 두고 우리는 서로를 바라본다.

가끔은 고양이들이 말을 하면 좋겠다는 생각을 한다. 썩 예쁜 말을 들을 것 같지는 않다. 그냥 말없이 서로를 보며 이해 못 할 우리의 거리를 가늠해보다 잠이 들면, 모르는 새 옆으로 다가온 너의 기척에 깨어 잠시 잠깐 허락되는 사이 얼굴을 파묻고 싶다.

키운다는 말은 가당치 않다. 그렇다고 집사라 말하며 모시고 산다는 듯한 뉘앙스는 어쩐지 싫다. 아무렴 아무리 손해보고 절절매는 척하더라도 결국 서울은 두 다리로 걷는 거대한 동물의 요람이다. 인간은 야박한 도시의 독보적인 포식자이면서, 요령 좋은 녀석이 아닌 이상 3~4년을 채 살지도 못하고 떠나야 하는 고양이들을 '모시고 산다'고 하니, 나는 어쩐지 그 말이 싫었다.

묘선생의 고견을 물을 수는 없지만 허락하신다면 동거하고 있다고 말하고 싶네요. 아, 저도 모르게 말을 높여버렸네요. 모심을 받는 것이 익숙하신가요. 아무튼 부족한 저인지라 고양이든 누구든 키운다는 말은 참 입에 붙지 않습니다. 선배들이 저를 키운다고 할 때에도 누가 누굴 키우냐며 궁시렁거렸던 저인데. 그건 그냥 시건방져서 그런 것 같기도 하지만.

불광동 좁은 골목에는 고양이가 많다. 따로 챙기는 사람들이 있는 것도 아닌데 곳곳에 모여 있다. 큰소리치는 사람 없고, 재수 없다 하는 사람도 없다. 그런데 그것만으로 충분할까? 차가 쌩쌩 달리는 곳이 아니니 안전하고, 노인들은 친절하고, 고양이를 괴롭히기엔 골목의 아이들은 아직 어리다.

옆 빌라 할아버지는 우리 집 주차장 한편에 일종의 텃밭을 가꿨다. 커다란 화분 여러 개에 상추며 고추며 골고루 심고 때 되면 거두는 식이다. 주차 문제로 두어 번 푸닥거리 하다 말았다. 그게 미안했는지, 상추를 따 먹으라신다. 한 줌 되지도 않는 수확량에 뭘 나눌 것이 있겠냐마는. 그렇게 시작된 인연이 번져서 골목 사람들과 인사하는 사이가 되었다. 늙은 골목에 굴러들어온 돌마냥 모난 젊은이 되어 쓰레기 문제로 몇 번을 싸우고, 주차로 싸우고, 괜히 흘겨보는 어른들 눈살에 못 본 척 지나간 적도 여러 번이었다. 상추에 주차를 양보하고 나서야 비로소 일원이 되었나 보다. 빌라와 빌라 사이, 작은 공터가 있어 폐의자를 몇 개 두고 늘상 앉아들 계신다. 고추 말리고, 대파 다듬는 곳. 담배 태우고, 가끔은 막걸리 나눠 먹는 용도로 쓰이는 요긴한 장소다. 밤이 오면 의자는 고양이들 차지이고.

언젠가부터 고양이 한 마리가 할아버지를 따라다녔다. 어미와 떨어진 길고양이 새끼에게 먹이를 챙겨주시더니 서로 정이 붙은 모양이다. "나비야" 부르면 어디선가 달려 나와 할아버지 의자 옆에 떡하니 자리를 잡고는 같이 햇볕을 쬔다. 나비는 산책하고 있는 동네 강아지들에게 괜히 시비를 거는 못된 성격을 가지고 있다. 한번은 나비가 윗집 할머니의 강아지를 때리는 일이 있었다. 동네 사람 누구에게든 예쁨 받는 넉살 좋은 강아지가 나비와도 친해지고 싶었는지 한참을 귀찮게 굴다가 혼쭐이 난 모양이다. 할머니는 속이 상했는지 고양이 못 쓰다며 손찌검을 하셨다. 늘 햇볕만 조용히 쬐다 집에 들어가시는 할아버지가 버럭 소리를 지른다. 왜 애한테 승질이냐고.

어느 날인가는 이 작은 골목에 경사가 났다. 자유롭게 밖을 드나들던 나비가 임신을 한 것이었다. 일이 이렇게 되기 전에 중성화를 권하려 했는데 나비가 원체 덩치가 작아 안심하고 있다 사달이 났다. 그야말로 막막한 경사다. 할아버지는 고양이 임신의 심각성을 느끼지 못한다. 할아버지의 반지하 집은 나비에게 있어 안식처다. 안전하다고 느낄 수 있는 유일한 공간이다. 나비는 분명 할아버지의 방 한편에서 육아를 시작할 테고, 나는 앞으로 벌어질 일이 몹시 신경 쓰였다. 동네 사람들은 공터에 앉아 혀를 차며 구청에 연락하라고 한다. 동물보호시설에 보내야 한단다. 할아버지가 새끼 고양이들을 어떻게 감당할 것이냐며. 한동안 골목이 이 주제로 시끌벅적했다. 그렇게 한마디씩 돌아가며 훈수를 두는 것도 잠시, 배가 점점 불러오는 나비를 보며 사람들은 더 이상 이 막막한 경사에 대해 나서서 이야기하려 하지 않았다.

그런 결말이 싫었다. 볕을 쬐는 당신과 고양이의 모습은 한 폭의 그림 같았다. 늘어지게 누워 햇볕을 온몸으로 받으며 낮잠을 자다가 하품을 크게 하고는 할아버지의 다리에 머리를 부비는 일상이 사라지는 결말이 싫었다. 세상천지 사정 없는 고양이가 어디 있으며, 그 모든 걸 책임질 수 있는 마법 같은 방법은 또 어디 있겠는가. 별일 없이 태평해 보이는 길고양이들은 시시때때로 사라진다. 먹이 찾아 짝꿍 찾아 여정을 떠났으면 좋으련만. 한여름 더위를 피해 부채를 들고 담장 그늘에 걸터앉은 난닝구 입은 할아버지들도 때때로 사라진다. 출근길 매일같이 지나던 골목도 때때로 사라진다. 다 어디 좋은 동네로 이사를 갔으면 좋으련만. 하지만 우리가 발붙여 살아가는 동네의 사정들은 그리 녹록지 않다. 길고양이들과 할아버지와 이웃들은 어디로 갔을까, 나는 그런 결말을 생각하기 싫었다.

할아버지와 이야기를 나눈다.

“새끼 낳으면, 중성화해야죠.”

“그게 뭔데?”

“나비, 이제 새끼 못 낳게 하는 거예요. 그 수술 받아야 더 건강하게 오래오래 살아요.”

“응, 해야지.”

“돈이 좀 나와요.”

“얼마나 하는데?”

“이것저것 하면 30만 원은 나올 거예요.”

“그럴 돈은 없는데. 5만 원은 있는데.”

우선 새끼 낳는 것을 지켜보기로 했다. 가능한 한 열심히 분양을 보내볼 생각이다. 다 보내고 나면 동네 사는 친구들과 SNS 친구들의 도움을 얻고 내 신용카드의 힘을 빌려 중성화와 접종까지 끝내볼 참이다. 굳게 마음을 먹었다. 딱 그만큼 해야지. 아니 그만큼이라도 할 수 있으면 다행이지. 나비는 열심히 살아냈다. 평소보다 더 오래 의자에 누워 있다. 만삭의 몸이 무거운 탓이다. 밥 굶는 일 없이 물도 꼬박꼬박 잘 챙겨 먹으며 새끼 낳을 준비를 한다. 볕 좋았던 오후, 나비가 해산을 했다. 네 마리나 낳았다. 아이고 머리야, 네 마리나 낳았다.

나비 이야기를 SNS에 올리며 도움을 청했다. 작은 골목에 '막막한 경사'가 났다고. 예쁜 네 마리 새끼 고양이 사진과 함께. 철거당하는 가게와 동네 소식에 달려오던 사람들이 돈을 보내기 시작한다. 사진을 퍼 나르기 시작한다. 랜선 이모를 자처하며 이런저런 도움을 주기도 했다. 워낙에 예쁘게 태어났다. 작고 귀여운 엄마 고양이 나비를 닮았다. 동네 친구가 한 마리를 입양해갔다. 이름은 '덕구'로 지었단다. 옆 동네 친구가 할머니 집에서 키우기로 했다며 또 한 마리를 데려갔다. 그 아이의 이름은 '유타'로 지었다. 멀리 살고 있는 지인이 또 한 마리를 데려갔다. 같이 살고 있는 늙은 고양이의 동생이 된단다. 철없는 막내가 되었을 그 아이의 이름은 '그래'가 되었다.

이제 마지막 고양이다. 할아버지와는 모두 분양을 보내기로 이야기를 했다. 그사이 나비는 중성화를 위해 병원에 가서 검진을 받고 접종도 했다. 가임기가 돌아오기 전에 수술을 하기로 했다. 마음이 불안해졌다. 그러다 집을 뛰쳐나가 돌아오지 않으면 어떻게 하지? 독립이면 다행이지, 또 임신을 해서 돌아오면 어떻게 하지?

"할아버지, 나비 한동안 절대 내보내지 마세요. 집 문 꼭

닫고 계세요. 꼭. 나비 또 임신하면 정말 큰일 나요."

"응 그래, 그래야지."

할아버지와의 관계가 삐그덕거리기 시작했다. 문을 열지 않을 도리가 있나, 이 작고 날쌘 고양이를 막을 도리가 있나. 퇴근을 하고 집에 돌아오는 길에 나비를 만나면 한숨부터 쉬게 된다. 모든 고생이 수포로 돌아갈 생각을 하니 속이 상한다. 그렇게 또 할아버지에게 잔소리를 한다. 그러면 늘 하시는 말,

"응 그래, 그래야지."

SNS를 통해 소식을 듣고 멀리서 오신 분이 마지막 한 친구를 데려가기로 했다. 원래 길고양이를 입양하기 위해 여러 준비를 하고 계시던 찰나였다. 고양이를 사는 것이 아닌, 사정이 어려운 녀석을 입양하기 위해 오래 기다리셨다고 한다. 이보다 더 좋은 환경이 있을까 싶을 만큼 준비를 단단히 해두셨다. 홀가분한 마음으로 할아버지 집을 찾아가 문을 두드린다.

"할아버지, 옆집이에요. 내일 마지막 새끼 데려갈 거예요."

문을 연 할아버지가 묻는다.

"꼭 보내야 해?"

아, 보내지 않으면 어쩔 셈인가. 마지막 남은 아이는 암컷으로 추정된다. 어쩔 셈인가. 나는 무슨 말을 해야 할지, 이 모든 일에 괜히 오지랖을 부린 것인지. 과연 내가 잘하고 있는 것인지. 오만 가지 생각이 든다. 어떤 이들은 동물과 함께 살아갈 자격을 이야기한다. 맞는 말이다. 법이 있어야 하고, 그에 따른 교육이 있어야 하며 최소한의 환경적 기준을 정해야 한다. 사람도 마찬가지지. 사람이 살 수 있는 최저 주거 기준이 있어야 한다. 사람이 사람답게 살 수 있는 최소한의 기준과 함께 그것을 보장할 수 있는 법적인 권리를 주어야 한다.

하지만 그 모든 일은 우리 동네 골목의 사정과는 너무 동떨어져 있다. 자격 없는 이의 집에 고양이가 찾아왔다. 막막한 경사는 예고 없이 찾아왔다. 그 모든 일을 기계처럼 주관하고, 잣대를 들이 밀 자격은 누구에게도 없다. 나비라는 이름의 고양이와 할아버지는 불편하고 대책 없는 동거를 시작했고, 이 골목 누군가의 오지랖과 그 이야기를 듣고 마음 모은 어떤 이들은 기꺼이 이 동거를 돕기로 했다. 누군가를 키울 자격은 없을지 모르나, 누군가와 살아갈 자격은 모두에게 있다.

"보내지 말까요?"

모든 말들을 누르고 눌러 이 한마디를 하고 나서 그 찰나의 순간 얼마나 후회를 했는지 모른다. 안 된다고 할걸, 보내야 한다고 할걸, 같이 살겠다고 하시면 어쩌지. 잠깐의 침묵을 깨고 할아버지는 대답하셨다.

"아니야, 보내야지, 보내야지."

그렇게 마지막 아이를 보냈다. 그 아이의 이름은 '여름'이 되었다. 초여름에 태어나 한여름이 되어갈 즈음 골목의 아이들이 모두 떠났다. 여름이를 보낸 할아버지는 마음이 영 좋지 않으셨다. 나비는 수술을 앞두고 간 수치가 좋지 않아 치료를 받았다. 수술은 2주가 미뤄지고 돈은 바닥이 났다. 매 순간 지쳐간다. 나는 영 방법이 없는 줄 알면서도 답답한 마음에 나비를 내보내지 말라 하고, 마지막 고양이를 보내고 섭섭했던 할아버지는 그저 상한 마음으로 알았다고만 하는 시간. 다행히 마지막 아이를 데려간 마음씨 좋은 분이 부족한 돈을 보내주셨다. 지칠 만하면 또 버틸 만하다. 2주가 지나고, 다행히 수치가 좋아졌다. 나비는 정말 얌전했다. 그렇게 병원을 많이 오

한적한 불광동 골목에는 유독 고양이가 많다.

차가 쌩쌩 달리는 곳이 아니니 안전하고,

노인들은 친절하고, 골목의 아이들은 아직 어려서

고양이를 괴롭히지 않는다.

가면서 싫은 내색 한 번을 하지 않는다. 주삿바늘이 들어갈 때도 가만히 있었다. 마취를 하고, 수술이 시작되고, 수술이 끝났다. 그 작은 몸으로 지난 몇 개월 너무 많은 일을 겪었다. 이제 돌아가자. 너의 반지하와 너의 골목으로 가자.

오래전, 새끼를 낳은 나의 첫 반려묘를 위해 지인이 북엇국을 끓여다 준 적이 있다. 북어를 물에 불려 소금기를 빼내 간 없이 끓여낸 고마운 한 그릇을 기억한다. 모르는 사람이야 무슨 정성이냐며 호들갑 떨겠지만, 아는 사람은 안다. '고생했어' 한마디 건넬 수 없는 먼 간극에 뭐라도 해야 할 것 같은 그 마음을. 그날 저녁, 할아버지는 소금을 치지 않고 삼겹살을 구우셨다. 나비 수술 끝나는 시간에 맞춰 정육점에 다녀오셨다. 애정 어린 눈길로 그 작은 아이를 바라본다. 그이가 할 수 있는 일은 고기를 굽는 일이다. 작은 집에 삼겹살 냄새가 가득 찬다. 좁은 골목이다. 한 집에서 삼겹살을 구우면 냄새가 솔솔 퍼진다. 그 작은 몸에 붕대를 감은 아이를 보는 할아버지의 표정이 뭉클하다. 할아버지는 내게 고맙다고 했다.

다행히 나비의 회복은 빨랐다. 실밥을 푸는 날이 다가오면서는 완전히 기운을 차려 다시 골목을 돌아다니기 시작한다. 이제 동네의 수컷들과는 작별이다. 마지막으로 병원에 데려갔다. 실밥을 풀고 동네로 돌아오는 감회가 새롭다. 할아버지가 내게 고맙다고 하며 검은 봉다리 하나를 쥐여준다. 작은 감자가 여러 개 들어 있다. 연신 고맙다는 할아버지의 표정이 밝았다. 감자를 가만가만 본다. 작고 못생긴 감자가 맛있다. 알알이 많기도 하지. 나비는 다시 할아버지 옆 의자에 앉아 햇볕을 즐긴다.

나비가 앉아 있는 옆으로 동네 사람들이 삼삼오오 모여 바쁘다. 동네에 '가로주택개발정비사업' 조합 추진위원회가 설립되었고, 동의를 받으러 다닌단다. 동네 아주머니가 내게 묻는다.

"아저씨는 집 사셨어요?"

"아뇨, 제 나이에 집은 무슨."

"아깝다, 진작 하나 사두시지."

아저씨 아닌데요. 작은 동네가 다시 시끌벅적해졌다. 동의를 해야 한다며 큰소리치는 이들이 있고, 개발해 봤자 우리 들어갈 집 없다며 끝까지 동의하지 말라는 주민들도 있다. 집 앞에 붉은 글씨 가득한 안내문이 놓이기도 했다. 다 같이 잘살자고 하는 개발인데 이상한 소문을 퍼뜨리고 다니는 사람들이 있으니 정신을 차리란다. 언제까지 이 후미진 동네에 살겠냐고. 으쌰으쌰 잘살아보세.

오늘도 할아버지와 나비가 오후 내내 앉아 있다.

"나비는 건강하지요?"

할아버지는 웃으며 고개만 끄덕인다.

"개발한다던데, 할아버지는 동의하셨어요?"

"난 그런 거 몰라."

"그려요."

집에 들어가려는데 할아버지가 묻는다.

"밥은 먹었어?"

"이제 먹으려고요."

"잘 챙겨 먹어."

골목이 시끌벅적하다.

가지를 볶으며,

함께 만드는 농성장의 끼니를 생각한다

16

- 기억 속 꺼림칙했던 반찬 가지볶음은 잊자.
- 동네 마트에 가서 가지를 고른다.
- 살이 통통하게 오른, 멋진 보랏빛 가지를 고른다.
- 직접 요리한 가지볶음, 미워할 수 있을까?

볕이 뜨겁다. 한낮의 농성장과 여름 햇볕 사이에는 얇은 천막이 놓여 있을 뿐이다. 화구에 불을 붙이고 큰 들통을 올렸다. 픽픽 쓰러질 것 같은 더위에도 밥은 먹어야지. 아니 먹여야지. 멸치, 다시마 넣고 끓여 우린 육수에 대파를 숭덩숭덩 썰어 넣고 콩나물 무심히 던져 넣는다. 국간장과 멸치액젓으로 맛을 낸다. 가뜩이나 없는 입맛에 텁텁한 국물을 넘길 수 없으니 간은 소금으로 맞추자. 팔팔 끓는 사이 번들거리는 프라이팬에 달걀말이 두껍게 구워낸다. 다른 한쪽에서는 가지 반찬이 볶아진다. 땀이 맺힌다. 한두 사람 몫이 아니니 부지런해야 한다. 밥솥은 또 어찌나 큰지, 삼층밥 만들지 않으려면 물 조절도 여간 까다로운 일이 아니다. 아이스박스에 미리 준비해둔 오이

소박이와 멸치볶음이 든든하다. 여유 부리지 않고 틈틈이 마련해둔 덕이다.

농성장에는 먹이는 노동이 있다. 규모와 사정에 따라 '주방'의 유무가 결정되겠지만, 아무튼 누군가를 먹이기 위해 고민하는 사람들은 어떤 경우에도 존재하기 마련이다. 그게 국수 한 그릇을 말아 내는 일이든, 집 반찬을 싸오는 일이든, 짜장면을 몇 그릇 시켜야 하는지 고민하는 일이든 배급의 문제는 농성장의 가장 중요한 화두임이 분명하다. 이 일이 문제없이 잘 진행되고 있다면 화두가 아닐 수도 있겠다. 어떤 노동은 묵묵한 것이어서 제 일을 다하고 있을 때면 누구도 눈치채지 못할 수 있다. 그 모든 끼니가 배달 도시락이라고 생각해보라. 그만큼의 일회용품이 한 무더기 쌓이는 것은 차치하고서라도 들어가는 비용은 어찌 감당할까. 삶의 최전선에는 늘 먹이는 노동이 있다. 잘 먹고, 잘 싸우되, 이 노동의 몫이 잘 소화되고 있는지가 늘 고민이다.

철거를 앞둔 어떤 가게에 연대를 할 때, 우리는 거의 삼시 세끼를 철문 굳게 닫아놓은 가게에서 해결해야 했다. '알아서 먹겠습니다.' '신경 쓰지 않으셔도 괜찮습니다.' 하는 말은 크게 의미가 없다. 좁은 공간에서 하루를 보내는 일이다.

서로의 삶에 관여 않고 말끔히 일만 하는 관계를 희망하는 것이 얼마나 무의미한지! 먹지 않는 일은 타인의 고민이 되고, 대충 때우는 일은 모두의 걱정을 산다. 연대는 결국 서로의 삶에 참견하는 일이다. 당신의 고통이 나와 맞닿아 있기에 가만히 있을 수 없다며 끼어드는 일이다. 밥상을 차리고 나누는 일도 크게 다르지 않다. 인간이 서로에게 관여하는 가장 오래된 방식이 밥을 먹는 행위일 것이다. 식재료를 준비하고 지지고 볶아 그릇에 담아 한 상으로 내기까지, 정교하게 분업화된 노동이 필요했다.

자기 몫의 생존만 고민해서는 지금의 사회가 만들어질 수 없었을 것이다. 대규모로 농사를 짓고, 추수하고 탈곡하는 과정은 자신의 텃밭에서 나고 자란 것을 먹는 것보다 훨씬 효율적인 행위로 여러 사람을 먹일 만큼의 양식을 생산한다. 그럴싸한 건물을 세우고, 정치를 하며 문화예술을 꽃피우는 노동의 여력은 자기 몫이 아닌 '우리' 몫을 고민한 인간의 연대로 마련된 것이다. 혼자서는 생존할 수 없는 인간이 서로의 노동을 맞대어 협업으로 한 상을 만들어낸다. 그렇게 차려진 한 상을 먹는 일은 공동체적 의식이다. 밥 한 그릇이 피가 되고 살이 되어 다시 다음의 노동으로 이어지는 반복적 행위,

아무리 열악한 투쟁 현장이라도 먹는 일은 중요하다.

인간이 서로에게 관여하는 가장 오래된 방식이 밥을 먹는 행위일 것이다.

재료를 준비하고 지지고 볶아 그릇에 담아 한 상으로 내기까지,

살뜰하고 다정한 노동이 필요하다.

그 행위가 중단되는 순간이야말로 공동체의 위기라 할 수 있을 것이다.

현대의 인간은 밥을 차리는 일로부터 많이 소외되어 있지만 농성장에서는 그게 그렇게 쉽지가 않다. 누군가는 나의 끼니를 걱정하고, 삼시 세끼 프랜차이즈 음식을 먹는 일을 막기 위해 기꺼이 주방으로 향한다. 그 일이 그렇게 당연하지가 않다. 일면식도 없다가 투쟁을 계기로 만난 나에게 음식을 내어주기 위해 누군가 화구 앞에 서서 음식을 만들고 있다면, 쉽게 몸이 뉘어지지 않는다. 그래서 우리는 협업을 하기로 했다. 아마추어들이 남의 주방에 갑자기 투입된다 한들 뚝딱 상이 차려지는 것이 아니니, 그릇부터 나르기로 한다. 설거지 당번도 정하기로 했다. 정해진 시간이 되면 뒤풀이 종료 신호를 보내는 담당도 정했다. 농성장을 오가는 모든 낯선 사람들에게 강요할 수 없으니, 비교적 신뢰 관계가 쌓인 사람들부터 나서기로 했다. 지금부터는 눈치 게임이다. 어지간히 감이 없는 사람도, 이쯤 되면 가만히 있는 것에 눈치를 보기 시작한다. 불편함에 스리슬쩍 도망가는 사람도 있지만 다 먹은 술병이라도 치워볼까 싶어 괜히 빈 병을 들고 이리저리 헤매는 사람들도 있다. 그 모든 일이 너무 프로페셔널하게 자리 잡히기 전에 농성은 끝이 났다. 굳게 닫힌 철문은 사라졌다.

> 연대인들을 위해 주방에서 노동을 하던 이는 이제 자신과 가족의 생계를 책임지는 주방 노동을 하고 있고, 그릇을 나르고 설거지를 하며 할 일을 찾던 연대인들은 손님이 되어 제값을 지불하고 음식을 먹는다.

다시 볕이 뜨거운 농성장의 펄펄 끓는 들통 앞으로 간다. 두꺼운 달걀말이에 마음이 푸짐하다. 기분 좋은 산미로 맛있게 익은 오이소박이가 입맛을 돋우고, 틈틈이 심심하지 않게 멸치볶음이 자기주장을 한다. 밥은 알맞게 잘 익었고, 콩나물국은 시원하다. 지금까지는 거를 타선이 없는 반찬인데, 가지볶음에는 영 손이 가질 않는다. 중국집 가지볶음은 안주로 잘만 먹는 사람들도 이상하게 백반 반찬으로 나오는 가지볶음은 피해 다닌다. 특유의 물컹함이 불편하달까. 그렇다고 남길 수 있나. 보는 눈이 많다. 사약도 아니고, 그냥 먹으면 그만이지.

그렇게 젓가락으로 집은 가지볶음인데 이건 또 왜 이렇게 맛난지. 달달 볶은 양파가 먼저 씹히며 단맛을 낸다. 적당하게 볶인 가지는 물컹함과 질겅거림 사이 어딘가에 딱 멈춰 있제철 맞아 저렴한 가지를 한 무더기 사서 볶는다.
보기에는 축 처진 거무튀튀한 모양새지만
입에 넣는 순간 밥도둑이 따로 없다. 달달짭짤 밥이 술술 넘어간다.

이 여름도 이 싸움도
술술 넘어가기를.

다. 아삭함이라 해야 하나, 아 그것도 아닌데. 이 묘한 식감과 밥을 부르는 간장, 마늘, 고춧가루 양념의 삼박자 조화가 무섭네. 그렇게 잘 차려진 백반 한 상을 먹는다.

농성장 밥맛은 왜 이리 좋을까? 맛있게 먹을수록 고민은 깊어만 간다. 잘 먹고, 잘 싸워야지. 한데 그것으로 충분할까? 반찬 가짓수라도 보탤 겸 어설픈 솜씨를 부려볼까? 다 먹으면 죄인처럼 부리나케 천막을 나서지 말고 꿋꿋하게 버텨 설거지에 손이라도 보태볼까? 아, 분명 여기 앉아 있는 사람들 다 고민하고 있을 텐데. 당번이라도 미리 정해볼걸, 회의를 해볼걸. "잘 먹겠습니다." 말하기 전에 뭔가 결의라도 해볼걸.

나서는 사람에게 복이 있다. 고민은 그만하기로 한다. 더운 여름에는 가지가 제철이다. 맛있게 볶아보기로 했다. 일전에 물어본 가지볶음 레시피가 있다. 조그마한 락앤락 통을 채울 만큼만 볶아서 가져가야지. 그 맛이 날지는 모를 일이지만.

그래서 죽순은

식탁에 오른다

17

- 시장에 나가 낯선 식재료를 사자.
- 노하우와 검색 실력 발휘해 뭐라도 만들어보지만,
- 역시 사 먹는 편이 낫구나.

한때 인생의 필수품이었던 여권의 가치가 한없이 바닥으로 떨어진 시절을 산다. 내 여권은 잘 지내고 있으려나? 먼지 소복이 쌓인 채 책장 어딘가에서 그 수명을 다하고 있겠지. 출국이 잦을 만큼의 통장 사정은 아니었지만, 1~2년에 한 번 정도는 비행기를 타고 여행을 떠날 수 있었다. 한참 잊고 살던 여권을 찾는 일은 연례행사였다. 설레는 마음으로 비행기표를 예약하고 있노라면 불현듯 여권 생각이 난다. 방구석 어딘가에서 구겨진 채로 발견이 되거나, 작년 여행에 들고 갔던 가방 한구석에서 긴 잠을 자고 있을 것이다. 예상되는 곳곳을 뒤져봐도 나오지 않는다면 빨리 체념하는 편이 정신건강에 좋다. 이 좁은 방 어딘가에서 하릴없이 나를 기다리고 있을 여권은 내버려두고 구청으로 향하자. 아까운 돈 들여 근처 사진관에서 새 사진을 찍고 1년 사이에 늘어난 턱살을 만지작거리며 한숨 한 번 쉬어준다. 구청 근처의 사진관 사장님은 '빨리 빨리'에 이골이 난 사람이다. 보챌 필요도 없다. 잠시 앉아 있노라면 어설픈 포토샵 기술이 가미된 여권 사진이 퍼런 종이봉투에 담겨 나온다. 평생 가장 많이 찾게 될 공공서비스 창구인 '민원여권과'를 찾아 여권이 사라진 뻔한 경위를 설명하고, 언제 받을 수 있는지 두어 번 확인하고, 여행 일정에 문제가 없음을 확신하고 나서야 그날의 일정이 끝이 난다.

대단치 않은 일을 하면서도 왜 이리 긴장이 되는지 모르겠다. 여권이 없어 출국을 못 하게 된 적은 한 번도 없다. 그래도 비행기를 타는 일은 여전히 낯설고, 설레는 일인가 보지. 한 번 다녀오면 그 여운으로 또 한 해를 버틴다. 그사이 여권은 또 온데간데없고, 사진을 찍고, 민원여권과를 방문하며 불안해하는 연례행사. 한동안은 되찾기 어려운 일상이다.

몇 해 전 가을에도 여권 발급 때문에 구청을 방문한 적이 있다. 난데없이 남도 농산물 장터가 구청 앞 공터에서 크게 열리고 있었다. 시끌벅적한 사람들 사이로 지지고 볶는 냄새가 코를 간지럽힌다. 바람이 선선해 좋았고, 여권 만든다고 일정을 모두 빼두어 시간도 넉넉했다. 뭐라도 하나 사볼까 싶어 천천히 구경을 한다. 그러다 발견한 것이 죽순이었다. 대나무의 순, 중화요리에 종종 쓰이고 일본 라멘에 고명으로 잘게 썰려 오르는 그 죽순이 눈에 띄었다. 800그램에 1만 원, 이걸 사다가 장아찌를 해 먹으면 어떨까. 잘 삶아서 중화풍으로 볶아도 좋을 것 같고, 얇게 썰어 된장국 고명으로 올려도 근사하겠지. 처음 사보는 식재료이니 파는 사람에게 물어보는 것이 제일 정확하겠다 싶다.

"이거 손질 어떻게 해요?"

이런저런 설명을 신나게 해주신다. 포털 사이트에서 '죽순 삶는 방법'만 검색해도 온갖 노하우들이 올라오긴 하지만 직접 듣는 편이 이해도 빠르고 몰랐던 팁도 얻고, 무엇보다 기분이 좋다. 장터에는 오고 가는 말이 있다. 단지 판매자와 구매자만으로 구분 짓기에는 애매한 연대 의식이 싹튼다. 바로 그 지점이 대형마트에 자리를 내준 이유이기도 하겠지만, 즐기는 사람 입장에서는 대체 불가능한 영역이라 할 만하다. 하나하나 잘 새겨듣고 있는데 갑자기 말을 멈추더니 물어보신다.

"어머니가 하실 거죠?"

직접 사다가 삶아 먹기에는 너무 어려 보이는 남자 사람을 오래 붙잡으려니 미안하셨나, 아니면 귀찮으셨을까. 대학 입학 시절부터 주민등록증 검사와는 거리가 멀었던 노안이었는데. 아무리 그래도 농산물 장터의 그것과는 영 괴리가 있었나 보다. 심부름 나온 아들로 보였을까? 저 멀리 살고 계신 우리 어머니에게 죽순을 가져다드려야 하나? 뭣보다 본가에서는 죽순 반찬을 구경해본 적이 없다. 어쩐지 억울한 마음이다.

"제가 다 해 먹어요. 요즘 많이들 그러잖아요."

다시 힐끔 보시더니.

"그렇죠, 그렇죠. 더 잘 해 먹어요."

정육점에서의 일이다. 집에 손님들이 오는 날이면 종종 준비하는 음식이 보쌈이다. 양파, 대파, 마늘을 통으로 넣고 된장 풀어 넣어 삶기만 하면 되는 음식이고 호불호가 없으니 즐겨 찾는 메뉴다. 물과 냄비가 일을 하는 동안 또 다른 음식을 준비할 수 있으니, 일손을 덜어주는 고마운 레시피라 할 수 있겠다. 수육에는 굳이 삼겹살을 쓸 필요가 없다. 맛이야 있겠지만, 기름이 과하고 가격도 비싸다. 정육점에 가서 돼지 앞다리살을 수육용으로 달라하면 삼겹살 반값에 큰 한 덩이를 썰어준다. 앞다리살이라 하면 폼이 안 나니, 정육점에서 '전지'를 달라고 말해보자. 앞다리살은 전지, 뒷다리살은 후지라 한다.

전지 한 근을 주문한다. 이번에는 남자 사장님, 나를 힐끔 보시더니 뭐 하려고 사시냐기에 수육 삶는다고 했다.

"와이프가 하나요?"

"아이고 와이프는 무슨요, 사장님. 제가 삶아 먹으려고요."

하니 개당 2000원이나 하는 비법 양념을 얹어준다.

"뭐 간이나 맞추겠어요? 이거 넣으면 끝나요."

이건 배려일까, 장사의 노하우일까? 안쓰러운 독신남으로 보였을까? 독신남이라면 수육 하나 삶는 것이 그렇게 어려운 일일까? 배배 꼬인 마음이다. 아무튼 주신 것이니 감사히 써보자는 마음으로 공산품 비법 양념을 넣어봤다. 과연 맛은 있더라. 2000원씩이나 하는 것에 납득이 갔다.

종종 있는 일이다. 주방의 일은 오랫동안 여성의 영역이라 여겨졌다. 2000년대 이후, '셰프' 열풍 속에 굵직굵직한 스타 셰프들이 탄생했고 그들 대부분은 남성이었다. 요리하는 일은 제법 쿨한 영역으로 어느 정도 인식이 개선되었고 꼭 여성의 영역이어야만 한다고 주장하는 사람들은 없어졌지만 그럼에도 여전히 '여성'의 일로 인식되고 있다. 파인다이닝 레스토랑의 멋진 한 그릇 음식을 두고는 '셰프'가 요리한다 하며, 멋진 작업복을 입고 화려하게 요리를 하는 남성 셰프의 모습을 상상한다.

하지만 내 집에서 10분 거리, 훌륭한 백반집의 열 몇 가지 반찬을 아침마다 요리하는 주방장은 여전히 아줌마이고, 찬모며 이모라 한다. 쿨한 주방과 생계형 주방에 차이를 두어 전문 영역과 가사노동의 영역이라 여겨지는 지점에 위계를 만들었다. 사실 그 둘이 분리될 리 없는데 말이다. 세상에 생계형이 아닌 셰프가 얼마나 있을까, 백반집 주방에서 매일 다른 메뉴를 내기 위해 장을 보고, 각 식재료에 맞는 조리법을 고민하며 그것을 제때 준비해 식사 시간에 맞춰 내놓는 일이 과연 전문의 영역이 아니라 할 수 있을까. 프랜차이즈 음식의 범람 속에 집밥을 꿈꾸는 외로운 우리는 머릿속에 미화된 어린 시절 부엌을 떠올리며 앞치마를 동여맨 어머니를 상상한다. 지난 시절이 그랬으니 별 수 있나. 하지만 불가피했던 어떤 노동과 어떤 희생을 너무 많은 낭만의 영역으로 연결지어 살아간다는 비판은 피하기 어렵다. 그 무리한 연결 속에 생략되는 것들이 있기 때문이다.

죽순은 대부분 삶아진 채로 유통된다. 볶아 먹든 졸여 먹든 튀겨 먹든, 삶아져 있는 것이 기본이다. 껍질까지 손질되어 있는 게 보통이니 크게 고민할 필요 없다. 냉동시켜둔 삶은 죽순을 잘 해동해 필요에 따라 써는 것이 요리의 절반이다. 중국집 짬뽕에서 흔하게 보듯 얇게 저며도 좋고 꼬깔콘마냥 삼각뿔 모양으로 듬성듬성 썰어도 좋다. 사실 잘 썬다고 해봐야 이 낯선 식재료가 내 마음처럼 그렇게 예쁘게 썰어지지 않는다. 어렵다기보다는 감이 잘 잡히지 않는다고 해야 하나. 머릿속의 이미지가 대파나 양파처럼 그렇게 딱 구현되지 않는다. 어설프게 썰면 뭐 어때, 어차피 잘 삶아져 있고 질긴 껍질은 모두 벗겨진 상태로 내 손에 들어왔다. 예쁘게 편은 못 썰더라도 입에 들어갈 모양으로 거칠게 썰어놓자. 손님상에 나가는 것도 아닌데 무슨 상관이람.

그렇게 손질한 죽순을 냄비에 담는다. 조선간장에 쯔유를 넣고 취향껏 설탕을 더해 졸인다. 마음대로 만든 죽순조림

여권 때문에 간 구청 앞에서
난데없이 죽순을 샀다.

낯선 이 재료를 어떻게 할까 고민하다가 썰어보다가,
단단한 아스팔트를 뚫고 나온다는
죽순의 힘에 대해 생각한다.

이다. 비슷하게는 장아찌를 만드는 방법이 있다. 간장에 식초와 설탕을 넣어 끓이고 한 김 식힌 뒤 죽순에 부어서 보관하면 된다. 만들어둔 조림을 락앤락에 담아 냉장실에 두었다. 말이 조림이지 장아찌와 조림 사이 어딘가의 어중간한 것이 나왔다. 그래도 든든하다. 냉장고에 죽순조림 한 무더기가 있다니, 이토록 성실한 삶이란 말인가.

냉장고에 사소함이 쌓이면 삶이 풍성해진다. 정신없는 일상에 즉석밥 하나 돌려 먹더라도 미리 만들어둔 사소함 몇 개를 꺼내 상을 차리면 그런대로 잘 살고 있는 것 같다. 이 사소함 없이 삶의 거대한 담론들이 무슨 소용일까. 밥상을 차리는 일은 사소한 일로 치부되어 특정한 사람들의 노동에 기대어 너무 당연시되어 왔다. 나는 그 영역을 저임금 노동이나 헌신적인 어머니와 이모님들의 몫으로 남겨두는 세상이 싫다. 음식을 하는 일, 밥상을 내는 일, 그걸 내 입과 다른 이의 입에 넣어 삶을 유지시키는 행위는 인간의 자아실현 영역에 속한다. 이 과정을 통해 나는 칼을 다루게 되고, 도마의 쓰임을 알게 되었다. 평생을 옆에 두고도 나의 영역이라 여겨지지 않았던 주방이 온전한 내 몫이 되었다. 잃어버렸던 3평을 되찾았다. 있어도 있는 줄 몰랐던 삶의 영역을 개척한 것이다. 삶의 공간이 넓어지고, 일상의 선택지도 늘었다. 이걸 자아실현 외에 뭐라 할 수 있을까.

죽순은 어린 나무이지만 마디와 마디가 분명히 구분되어 있어 예쁘다. 그렇게 자라 대나무가 된다. 사소하지만 분명한 개성이다. 죽순의 맛은 그 사소함을 닮아 있다. 대단한 맛은 없는데, 아삭아삭 식감이 미각을 간지럽힌다. 대단하지 않아도 끊임없이 자극하는 그 맛 때문에 죽순은 계속해서 식탁에 오르는 걸까.

우리 삶을 정의하는 여러 가지 의미들은 사람마다 각양각색의 모양일 것이다. 때론 그 모든 것들이 과하다고 느껴진다. 삶의 대부분은 사소한 즐거움이나 실망으로 구성되지 않는가. 내 잃어버린 일상 중 하나인 여권 발급 연례행사는 나를 설명해주는 중요한 요소 중 하나였다. 나는 덤벙거리는 사람이고, 그 덤벙거림이 예기치 못한 죽순을 만나게 했다. 이 사소함이 삶을 버틸 수 있게 하며, 지속 가능하게 만든다.

돌림병으로 잃어버린 일상이 아득하다. 돌아갈 생각보다는, 변화된 세계를 일상으로 받아들이게 될지도 모르겠다. 번거롭고 소소한 일을 해내며 예쁘고 꿋꿋하게 살아가자.

맛있는 라면의 기억은

'멋'에 좌우된다

18

° 봉투에 적힌 대로, 또는 내 맘대로.

찬밥이 없을 때, 나는 라면에 달걀 두 알을 깨 넣는다. 풀지 않고 그대로. 적당히 익은 면으로 달걀을 덮을 수 있을 만큼 흐물거리는 정도가 되었을 때 넣는 것이 좋다. 달걀이 너무 익는 것도, 형태를 알아볼 수 없도록 흐트러지는 것도 원하지 않는다. 이제 뚜껑을 덮고 잠시 인내의 시간을 견뎌야 한다. 뿌옇게 올라온 김이 냄비 뚜껑에 서려 안이 들여다보이지 않으니 답답하다. 잠깐 뚜껑을 들어볼까, 물이 너무 졸지는 않았을까, 면이 퍼지지는 않았을까? 주방에 타이머를 구비해두는 똑쟁이들에게는 필요 없는 고민이다. 나 같은 '사짜'들은 감을 믿는다. 아무렴 평생을 끓인 라면이다. 가급적 생각은 죽이고 오감을 살려보자.

이때다 싶으면 뚜껑을 열고 그대로 그릇에 담는다. 모양 좀 내고 싶으면 면을 건져 그릇에 담고 국자로 달걀 살살 퍼내 파스타 위에 올린 수란처럼 담아본다. 그 위로 국물을 붓고, 얇게 썬 대파를 고명으로 올리는 거지. 라면 봉지의 거창한 표지 사진을 흉내 내보는 거다. 물론 행주 두세 겹 접어 단단히 붙든 냄비를 부랴부랴 식탁까지 들고 와도 좋다. 식탁 한편에 방치되었던 냄비 받침이 쓰일 수 있는 좋은 기회다. 냄비를 식탁 끝에 아슬아슬하게 걸쳐놓고 한 손으로 냄비 받침을 옮긴다. 양은 냄비라면 이렇게 하는 편이 오히려 멋이다.

면의 꼭대기에 위치한 반숙 달걀 하나를 터뜨린다. 노른자가 흘러내려 국물까지 당도하기 전 빠르게 면을 집고 후후 불어 입에 넣는다. 노른자에 코팅된 면은 공장제품의 한계를 아득히 뛰어넘은 복잡하고 깊은 맛을 낸다. 치고 올라오려 하는 짠기와 매콤함을 살짝 익은 노른자의 농익은 맛이 눌러주며 하나가 된다. 노른자 흘러나온 자리, 휑하게 비어 있던 흰자 속에는 곧 국물이 담기는데 그걸 그대로 숟가락에 올려 면 몇 가닥과 함께 넘겨준다. 완숙 달걀로는 누릴 수 없는 사치, 요리 안에 작은 요리 하나를 더하는 셈이다. 완전히 풀어헤친 달걀은 국물 맛을 한 차원 높이는 오랜 기술로 존중받아 마땅하지만 온전한 한 알 만큼의 포만감과 시각적 만족감은 없다. 같은 크기의 달걀인데 포만감의 차이가 있는 것은 그저 심리적 요인이겠지만.

은은하게 뒷받침해 주는 그 맛이 좋아 달걀을 늘상 풀어 먹던 때도 있었다. 또 그 편이 어울리는 라면도 있다. 풍문으로는 라면 봉지에 달걀이 있으면 궁합이 맞는 것이고 없으면 어울리지 않는다던데, 과연 해물라면 봉지에는 달걀이 없다. 알싸한 매운맛을 강조하는 라면에도 달걀 사진은 종종 생략된다. 그런 라면에는 애초에 달걀을 푸는 것이 어울리지 않는다. 현재의 나는 꼭 두 알을 풀지 않고 반숙으로 익혀 먹는다.

> 그런 내가 지금도 찾아 먹는 '달걀 푼 라면'이 있다. 아니, 정확히 말하면 달걀을 꼭 풀어야만 그 맛이 나는 라면이 있다. 지금은 아파트 단지 민원에 철거되어 사라진 아현 포차 거리, 강타포차 사장님의 솜씨로 끓인 '강타이모 라면'이다.

철거 투쟁이 한창이었다. 임시로 마련한 포차에서 집회와 문화제, 예배가 줄곧 이어졌다. 밤이 늦도록 행사를 하고 나면 밤참이 생각난다. 외치던 구호와 간절한 기도의 열기가 식은 밤 10시, 아직 못 다 한 말이 있는지 집에 돌아가지 않고 의자에 앉아 수다를 떨고 있노라면 위장은 어김없이 출출함을 호소한다.

사장님은 '강타이모'로 통했다. 포차 거리에 자리를 잡은 20년 넘는 세월 동안 누구에게나 '강타이모'라 불렸다. 오랜 삶의 자리였던 포차는 철거당했지만 이름은 그대로 남았다. 철거됐다는 소식을 뒤늦게 듣고 한숨만 쉬던 동네 술꾼들이 인근에 임시 포차가 생겼다는 소식을 듣고 찾아왔다. 조악한 문을 열어 "이모!" 외치면 "왜 이제 왔어!" 하는 식이다. 언제 어떻게 문을 열고 찾아올지 모를 기약 없는 옛 단골과 하루종일 배고픈 혈기왕성한 우리를 위해 강타이모는 늘 식재료를 준비해뒀다. 부추전, 잔치국수, 백반은 기본이다. 거기에 안주 메뉴로 꼼장어, 오돌뼈가 주력이었다. 다른 메뉴는 없느냐고? 포차는 말 그대로 '안주 일체'다. "뭐가 맛있어요?" 물어보면 정해진 대답이야 있지만, 먹고 싶은 것을 해줄 수 있는지 괜히 한 번 물으며 너스레 떨어봐도 좋다. 철 따라 구비해둔 식재료는 온갖 변주가 가능하고, 최소 10년에서 30년 된 노하우와 손기술로 어지간한 요청이야 거뜬하니까.

바쁜 하루를 보낸 저녁 10시, 출출한 배를 부여잡고 각자 맥주, 소주, 막걸리 하나씩 들고 와 안주를 고민하고 있을 때 나는 종종 "라면!"을 외쳤다. 센 불에 팔팔 끓여 꼬들거리는 면발 위에 미리 썰어둔 파를 듬뿍 올린 뒤 달걀을 꼭 풀어 넣은 부드러운 포장마차 라면.

라면이 그래 봤자 라면이지. 그것도 맞는 말이다. 언제 어디서든 균일한 맛을 내는 제품이었기에 라면은 모든 이의 입맛을 사로잡았다. 맛의 편차는 크지 않다. 그래서일까, 맛있는 라면의 기억은 화학적 의미의 맛보다는 '멋'에 좌우된다. 양은 냄비의 감성, 시리도록 배가 고픈 순간, 늦은 밤 마무리 안주, 이른 아침 허한 속을 달랜다는 해장의 명목 등은 맛있는 라면의 전제 조건이다. 거기에 등산 후 산장에서 먹는 라면, PC방에서 먹는 컵라면, 단골집 사장님의 서비스 라면 등 온갖 추억의 변주가 토핑이 되어 라면이 완성된다. '라면을 먹어야겠다.' 마음먹고 침대에서 일어나 가스불 당기는 시점까지, 머릿속에서는 이미 추억의 라면이 열 그릇째 끓고 있다.

강타이모의 임시 포차에서 라면을 주문하는 일은 그리 쉬운 일이 아니었다. 일단 크게 한 번 혼쭐이 나야 한다. 고마운 사람들 배불리 먹이겠노라 밥과 반찬을 넉넉히 해두고 고

라면을 먹고 싶다는 생각은

오직 라면으로만 달랠 수 있다.

달걀을 풀어 먹든 통째로 익혀 먹든

마늘이나 대파 토핑을 올리든 취향에 따라

값싸게 즐기는

라면 한 그릇의 든든함.

기까지 사왔는데 라면이 웬 말이냐, 백반을 먹어라, 그게 싫다면 먹고 싶은 것을 말해봐라. 꼭 라면이어야만 하겠니? 혼쭐과 아양의 반복 끝에 비로소 얻게 되는 한 그릇의 라면. 그것도 그냥은 못 주시겠는지 백반 반찬과 밥 반 공기를 테이블에 밀어 넣고 나서야 비로소 만족하시지만. 그 달걀 푼 라면이 내게는 각별하다. 에어컨도 없는 후덥지근한 포차에서 라면을 먹는다. 면발에 함께 걸려 넘어오는 채 썬 대파가 산뜻하다. 달걀을 풀어 끓인 라면은 국물이 핵심이다. 부드럽게 술술 넘어간다. 국물이 맛있다고 하염없이 넘길 수는 없다. 밥을 말아야 한다. 면도 너무 깔끔하게 다 먹으면 정 없다는 소리 듣는다. 몇 가닥 남겨두어 찬밥 말아 건더기 삼자. 국물에 녹아든 달걀이 밥을 끌어안는다. 그렇게 달걀 푼 라면을 먹는다.

분식집이나 포장마차 라면에는 미원 한 꼬집, 설탕 한 꼬집 들어가는 게 비결이라는 이야기를 어디서 듣고 흉내를 내봤지만 그 맛이 나지 않는다. 라면은 역시 맛보다는 멋이다. 강타이모는 임시 포차 생활을 끝내고 어엿한 백반집을 냈다. '강타이모 포차'에서 '태영식당'으로 바뀌었다. 아현동 포차 시절 단골 술꾼들은 이번에도 소식을 듣고 태영식당을 찾았다. 어엿해진 의자에 앉아 고등어조림과 닭도리탕을 먹고 삼겹살과

오돌뼈를 안주 삼는다. 끝내 마포를 떠나지는 않았다. 원래 있던 곳과 멀지 않은 동네, 직장 많은 골목에 터를 잡았다. 어떤 회사는 아예 점심 식권을 정기적으로 사갔다고 한다. 점심에는 백반 장사, 저녁에는 단골들 안주 장사다. '안주 일체'의 전통은 조금 흐릿해졌는지도 모른다. 메뉴판에 라면은 찾아볼 수 없다. 그래도 나는 라면이다. 한 끼 굶고 와서 라면을 먹고 백반을 한 그릇 더 먹더라도 나는 꼭 달걀 푼 라면이다. 여전히 혼쭐은 나지만 워밍업이라 생각하기로 했다. 내 건강을 걱정해주는 이가 끓여주는 라면 한 그릇은 더 각별하다.

지나는 사람 누구를 붙잡고 물어보든 라면에 대한 추억 한 보따리쯤은 가지고 있다. 초면일지라도 라면을 주제로 이야기한다면 잠시 잠깐 민망함을 피할 수 있을지 모른다. 복잡하게 설계된 라면의 면마냥 얽혀 있는 삶의 애환이 어디선가 끓고 있다. 삶아진다. 식당과 분식점, 공사장과 편의점, 직장과 한강 둔치에서 여러 사정을 안고 끓는다.

두릅의 맛을

아는 사람

19

- 제철 음식 모르고 산다지만, 두릅만큼은 찾아 먹자.
- 마트에서 파는 것도 좋지만, 한 아름 묶어 파는 시장을 찾아가자.
- 손질법을 여쭙고 그대로 데쳐 먹는다. 초장이면 족하다.

서대문역 인근에 위치한 학교에 살 적이니 꽤 오래전 이야기다. 늦은 밤, 도봉산역에 내렸다. 다음 날 일찍 의정부 병무청에서 신체검사가 예정되어 있다. 유쾌하지 못한 일정을 위해 의정부까지 가는 것이 영 달갑지 않아, 늦은 저녁 친구에게 연락해 밤마실 핑계로 1박 2일의 일정을 계획했다. 기왕 가게 되는 먼 걸음이라면 여행의 태를 입는 편이 좋겠다는 생각이었다. 신체검사를 받고 나서 그 유명한 의정부 부대찌개 거리의 '오뎅식당'에서 밥을 사겠다며 유혹의 포문을 열었다.

　그때는 그랬다. 무작정 일정을 잡고 출발하는 일이 가능했다. 혼자서 가는 것도 아니고, 누굴 꼬셔서 가는 것인데도 그렇게 어렵지 않았다. 책임의 몫이 여유의 영역을 침범하지 않던 시기다. 먹고사는 일이 빠듯해 만 원 한 장에 의가 상하기도 했지만 시간만큼은 많았다. 강의는 빠지면 되고, 리포트는 나중에 쓰면 되지. 결국 졸업할 때가 되어 빼곡한 청구서를 받아야 했지만.

학교 앞에서 버스를 타고 서울역에 내려 다시 1호선 열차를 타고 도봉산을 향한다. 병무청은 망월사역 쪽에 있다. 도봉산역 근처에 저렴한 모텔이 있어서 알아봐두었다. 밤 시간 1호선 열차에는 특유의 쓸쓸함이 있다. 고개를 푹 숙이고 잠든 몇몇의 취객과 경기 북부 먼 동네로 귀가하는 어르신 한둘을 두고 내린다. 사람 없는 역에 사방 벽 뚫려 있는 풍경이 을씨년스럽다. 출구를 나선다. 계단 한편에 붉은 다라이 깔고 장사를 하는 상인이 있다. 인적도 없는 시간에 어인 일로 그리 앉아 계신 건지. 퇴근 시간을 정해놓으셨을까, 다라이가 비어야만 가겠다는 고집스러운 장사 노하우일까? 다라이에 산두릅 한 뭉텅이가 있었다. 오동통한 정도는 아니지만 철 맞아 먹음직스러운 푸르뎅뎅한 나무의 순.

강원도 살 적부터 두릅은 귀한 것이라 배웠다. 철이면 철마다 두릅숙회가 식탁에 올랐다. 과장 섞인 두릅 찬양을 매년 듣고 있자니 이 나무 새순은 시금치니 아욱이니 시래기니 하는 것들하곤 차원이 다른, 생선으로 치면 복어 같은 귀한 것으로 격상되어 머릿속에 각인되었다. 상상 속에서는 봄철이면 반드시 두릅을 먹고야 말겠노라 다짐한 등산객들이 등산로 밖 두릅나무를 찾아 길을 헤매고 있다. 가시 돋친 나무를 어설프게 건드리다 피를 흘렸을 것이다. 그마저 잠깐의 철을 놓치면 못 먹을 단단한 나뭇가지가 되어버리니 부지런히 산행을 다녀야 한다. 적어도 내 머릿속 두릅은 그런 것이었다. 이 낯선 음식을 먹이기 위한 어른들의 과장 때문인지, 허영만 선생의 <식객> 만화 때문인지. 어린 시절 나에게 두릅은 피 묻은 귀하디 귀한 새순이었다.

> 봉투에 한가득 담은 두릅이 만 원에 떨이란다. 도봉산역 낯선 풍경 속에서 익숙한 빨간 바구니, 푸르뎅뎅하니 예쁜 새순 유혹에 해 먹을 방법도 모르고 대책 없이 사버렸다. 친구를 향해 '너 두릅을 아니?' 하는 의기양양한 표정은 덤이다.

신이 나서 검은 봉다리 들고 가는데 두릅 하나가 바닥에 떨어졌나 보다. 때마침 지나가던 아저씨가 이 귀한 걸 떨구냐며 주워 손에 쥐어주셨다. 흥이 최고조에 달했다. 드라마 같은 순간의 연속이다. 쓸쓸한 역사를 내려와 만난 빨간 다라이 할머니와 한 뭉텅이에 만 원 하는 두릅, 마침 하나를 떨구고 "귀한 거야." 하고 주워준 아저씨까지. 두릅을 먹기 위한 스토리로 이만한 것이 없다. 직접 산에 올라 따온다 한들 이날 내 손에 쥔 두릅만 할까. 길 하나만 건너면 모텔이다. 그때까지 답을 찾지 않으면 이 두릅은 내일까지 가방에서 꼬박 하루를 보내야 할 것이다. 모텔 방 커피포트에 넣어서 살짝 끓여볼 궁리도 해보지만 마땅치 않다. 그러다 한 가게를 만났다. 간이 건물인지, 잘 지은 포장마차인지 구분 안 되는 술집이 보여 무작정 들어갔다. 테이블 두어 개에 할아버지들이 술을 드시고 있다. 제육볶음에 소주 한 병 시키며 쥐고 있던 검은 봉다리를 바스락거리다 사장님께 부탁을 했다. 두릅 좀 데쳐주실 수 있느냐고.

사장님의 그 표정! 네가 두릅을 다 아느냐는 듯한 기특함과 기어코 가게를 찾아 들어와 두릅을 맡기는 용기를 칭찬하는 듯한 사장님의 표정에 나는 얼마나 신이 났는지. 이내 초장과 함께 숙회가 되어 한 접시 가득 통통한 두릅이 나왔다. 막걸리 먹는 옆 테이블 아저씨들과 호기롭게 나눠 먹었다. 기억은 나지 않지만 아마 동행에게 두릅이 얼마나 귀한 것인지 일산을 헤매어 두릅나무를 찾는다.

그 나무 끝에 갓 올라온 새순이 딱 하나 달려 있다.

그게 바로 두릅이다.

그걸 또 다듬고 씻고 익혀야 비로소 먹을 수 있다.

그러니 어찌 귀하지 않겠는가.

장 연설을 펼쳐놓았겠지. 그 귀하다는 두릅을 지폐 한 장에 봉다리 가득 담아주는 이유는 설명하지도 못할 거면서, 그저 신나 가지고는.

아무튼 이 기억은 내 가슴 깊은 곳에 단단히 자리를 잡았다. 그렇게 신나는 밤을 보낸 적이 또 있었을까? 두릅 맛은 기억도 나질 않네. 도심 변두리 모텔은 왜 그렇게 화려할까. 기억나는 건 번쩍거리는 간판과 조명을 지나 들어간 커다란 모텔 방, 침대 옆으로 놓여 있던 월풀 스파의 위용.

지난 봄 마트에 가니 자잘한 끝물 두릅이 큰 팩에 7000원 한다. 두릅전 맛있다는 이야기를 들은 터라 냉큼 주워왔다. 손질을 하는데 보통 일이 아니다. 생각 없이 맨손으로 덤볐다가 가시에 찔렸다. 그야말로 피 묻은 두릅이다. 그걸 한 봉다리 가득 가지고 와서 제육볶음 하나 시켜놓고는 감히 포장마차 사장님께 부탁을 드렸다니, 그때는 내심 자랑스레 여겼던 사장님의 '기특한 표정'은 실제로는 어이없어하는 표정이었을지 모르겠다. 기억은 왜곡된다.

부침가루와 전분가루를 일대일로 섞어 차가운 물에 반죽했다. 그걸 두릅에 버무려 기름에 지진다. 씨알이 잘아 금방 익어가는 두릅을 서둘러 꺼내 맛본다. 나물 먹는 식감이 아니다. 요 자잘한 두릅에도 살이 있어 이가 쑥 하고 들어간다. 요 끝물도 참두릅이라고 향이 있어 튀김옷 뚫고 살짝 봄이 왔다 간다.

귀찮아서 손질을 반도 못 했다. 그 많던 두릅을 군말 없이 손질해준 포장마차 사장님이 생각났다. "그때의 나는 어떤 표정이었나요?" 묻고 싶다. 혼자 신나서 입이 귀에 걸려 있던가요, 모르던 세계를 발견한 풋내기 탐험가마냥 경이로운 표정이었던가요? 아무튼 싫은 소리 하지 않고 어설펐던 나를 받아준 당신의 세계에 감사를 표하고 싶다. 내 기분을 맞춰준 착한 친구도 생각이 났다. 빨간 바구니 가득 담겨 만 원에 팔린 싸구려 두릅, 그 두릅의 사정도 궁금해졌다. 낯선 옆 테이블 술꾼 할아버지들과 내 두릅을 주워준 아저씨, 그보다 더 어린 시절 나에게 신나서 두릅 이야기를 해주던 부모님과 그걸 따다 주었던 나는 모르는 어떤 이웃. 이 밤에 글을 쓰며 두릅 생각을 하는데 몽글몽글 피어나는 시절들이 있다.

멋지게 잘 커서 두릅 손질 기가 막히게 하는 사람이 되었어야 하는데, 그러지는 못했다. 그래도 두릅에 가시가 있어 이걸 벗겨내는 게 보통 일이 아니구나.' 깨닫는 정도의 사람은 됐다. 언젠가 내게 검은 봉투 한가득 생두릅을 가져와 데쳐달라는 사람이 있으면 그 표정을 빤히 쳐다봐야겠다. 그리고 군말 없이 데쳐다 초장 곁들여 내줘야지. 뭐 얼마나 신이 나서 한 그릇을 다 비우는지도 봐야겠고.

갈등과 야만의 오늘,

누군가는 변함없이 만두를 빚는다

20

- 포장 만두의 달달함도 좋고
- 마른 듯 쫄깃한 PC방 만두도 좋지만
- 두부, 돼지고기, 숙주가 들어간 슴슴한 만두는 어떨까?
- 동네 만둣집을 이 잡듯 뒤져보자.

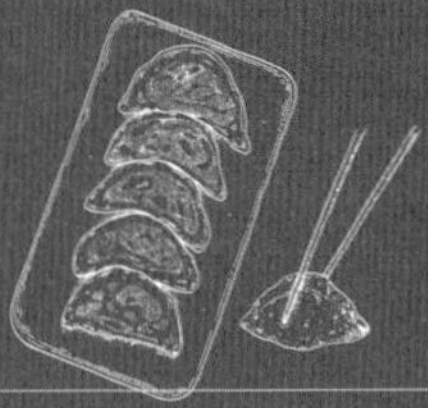

아침에 눈을 뜨고 나서부터 칼국수가 먹고 싶었다. 진한 멸치 국물에 애호박 고명 푸짐하게 올리고 김 가루 뿌린 보통의 칼국수가 먹고 싶었다. 오전 일정이 장안평에서 있어 근처 칼국숫집을 찾는데 마땅치가 않다. 보쌈집에서 칼국수를 곁들여 하는 식이다. 아무렴 어때, 지금은 칼국수가 먹고 싶네.

그렇게 주소 찍고 찾아간 보쌈집이 문을 닫았다. 즐비한 술집 사이 몇 안 되는 밥집인데. 바로 건너 바지락칼국숫집도 문을 닫았다. 영업시간까지 확인했는데 허탕이라니. 이 허한 마음을 어디에 청구해야 하나. 그러다 눈에 띈 가게.

'O!나 냉면'이라 되어 있는데 몇 번을 쳐다봐도 무슨 냉면인지 알 수 없네. '맛!나냉면'이었을까? 그럼 가운데 느낌표는 무슨 일이지? 아무튼 점심은 먹어야겠고, 칼국수는 물 건너 갔고. 영문 모를 간판 아래 만두가 크게 적혀 있으니 칼국수 짝꿍이라도 먹어보자 하는 마음에 가게로 들어간다.

나를 유심히 관찰하고 계시던, 가게 옆에서 담배 피우던 할아버지가 담배를 끄더니 가게로 들어오셨다.

"뭐 드시려고요?"

'아, 오늘 점심은 조졌구나!'

가게는 허름했다. 오래된 백반집 정취라고 얘기할 수도 있겠지만, 맛을 보증할 힌트를 찾아볼 수 없다. 그 흔한 '방문자 리뷰' 한 줄조차 없다. 그럴 수밖에 없지, 아예 지도에도 등록되어 있지 않다. 손님도 없다. 그것도 그럴 수는 있다. 점심 장사가 주력인 골목도 아니고, 근처에 주택가가 있는 동네도 아니다. 간판은 냉면이지만 주력 메뉴는 수제비, 만둣국인 것 같은데 사장님은 나보고 콩국수를 드시란다. 갈수록 태산이다. 오늘 점심은 이미 명부를 썼다. 민망하게 인사하고 나갈 자신도 없다.

수제비를 시켰다. 칼국수 다음으로 좋아하는 면 요리가 있다면 수제비다. 그래도 간판에 만두 그림이 있는데 안 먹어볼 수도 없고, 반 접시 되느냐고 여쭤봤는데 잠깐 고민하시더니 “두 알 드리면 되겠죠?” 하신다. 감사하다 하고 자리에 앉았다. 다시 한번 가게를 둘러본다. 역시 맛집을 보증하는 증거들이 보이지 않는다.

얼마간 지나 큰 만두 두 알과 수제비가 나왔다. 곁들임으로는 열무김치와 깍두기, 단무지다. 만두가 맛있어 보인다. 한눈에 봐도 맛있는 만두다. 크게 한입 베어 무는데 아뿔싸. 내가 무슨 짓을 한 거야? 내가 무슨 생각을 한 거야? 이 무슨 지독한 편견이었나. 만두가 이렇게 맛있을 일인가. 부추, 두부가 주력인 슴슴한 왕만두. 간도 완벽하고 씹히는 내용물의 조화는 더할 나위 없고, 만두피는 또 얼마나 잘 만드셨는지.

> 한국식 만두라면 바로 이런 것이다. 온갖 화려한 군만두가 유행이었다가 결국 돌고 돌아 돌아오는 맛. 비비고 왕교자가 식탁을 점령했다지만, 결코 사라지지 않을 잘 만든 냉면집 만두.

수제비는 또 무슨 일이야. 애호박의 식감이 적당하다. 물컹거리지도 지나치게 아삭거리지도 않는 정석의 애호박 고명과 국물 맛 방해하지 않는 수준의 김 가루, 팍팍 뿌린 후추와

진한 멸치육수. 멸치 건더기를 모두 건져내 국물이 깔끔하다. 흩뿌린 달걀이 아닌 지단으로 준비한 달걀 고명. 무한의 바지락 무덤까지.

다시 가게를 둘러본다.

건물이 늙었을 뿐, 식탁과 식기류는 깨끗하게 정돈되어 있고 주방도 잘 관리되고 있다. "우리 모두 명부를 꼭 써주세요. 감사!"를 굳이 손으로 써 여러 군데 붙여놓으셨다. 손 닿는 곳은 모두 관리되고 있는 식당이다. 달력도 제때 넘어가 있고. 나는 무슨 지독한 편견으로 가게를 찾았나.

사장님께 말을 건넸다. 왜 지도에도 나오질 않느냐 여쭈니, 가게가 변변치 않단다. 매일 새벽 아내분과 함께 직접 만두를 빚으신단다. 두부가 생명이라 두부집 가서 매일같이 사오고, 다른 속재료도 모두 그때그때 준비하신다고. 겨울이면 부추값이 비싸서 힘들고 여름이면 상할까 걱정이시란다. 만두가 아주 고역이라며 한탄이다. 겨울이면 찾는 사람이 많아 유독 힘들다고. 만두 장사만 이 자리에서 15년, 뒷골목에서 13년으로 도합 28년 경력이다. 몇 년부터 노포라 불러야 할지 누가 정해주지는 않았지만, 걸핏하면 쫓아내고 쫓겨나 장사하기 어려운 서울 바닥에서 30년 만두 장사면 어엿한 노포라 불러야

변변치 않다고 말씀하시는

사장님의 수제비와 만두는

30년의 손맛을 증명하듯 조화롭고 깔끔했다.

설불리 판단한 자신을

탓하고

깊은 국물에

감사한다.

하지 않을까.

부끄럽다가, 위로받는다.

어젯밤 나는 우리 삶이 너무 불행하다는 생각을 떨쳐낼 수 없었다. 꾸역꾸역 내 집 마련하겠다며 아등바등하다 인생을 다 허비해버리는 우리 인생이 불쌍했다. 사는 게 그냥 사는 거지 꼭 내 것이어야만 마음이 놓이는 이 갈등과 야만의 세상이 싫다는 생각을 했다. 오래 살아야 100년을 산다는데 그 인생의 대부분을 이 번민에 쏟으며 불안해하는 것이 안쓰럽다고 생각했다. 집을 구입할 마지막 기회를 잡았다며, '막차 타기'라던데 이 미친 세상에서 막차를 탔다 한들 다음은 또 자식 걱정에 부모 걱정까지, 아무튼 온갖 걱정거리 모두 이고 살며 끝나지 않는 계산을 하느라 애꿎은 머리만 쉼 없이 굴리는 부질없는 시간의 소모가 아까웠다. 나는 내가 불쌍했다.

그러고 나서 맞은 첫 끼가 이 만두이고 이 수제비여서 좋았다.

여전히 이 도시 어딘가에 보이지 않게 묵묵히 자신의 일을 해내는 사람들이 있음에 감사했다. 무한 갈등의 시대라 하고 모두가 부동산에 미친 것 같지만, 목소리 없는 사람들은 담담히 자기 일을 하며 이 지속 가능하지 않은 경쟁이 끝나기를 가만가만 기도하고 있다. 공해 같은 온갖 정책과 구호가 담아내지 못하고 통계로 겨우 보일락말락 하는 그 목소리들. 딱 그만큼의 사람들이 이렇게 만두를 빚는다. 이렇게 고명을 만들어둔다. 이렇게 육수를 끓인다. 부질없고 하릴없는 숫자의 세계가 아닌 맛과 멋 실존의 세계에서 결코 떠남 없이 맨바닥에 몸을 착 붙여 살아가는 사람들과 그이의 노동.

용기를 내어 살자.

일상의 쫄면과 맥주를 지키는 일

21

- 술꾼 안주에 뭣이든 섭섭할까.
- 쫄면에 맥주, 한번 먹어볼까?

이른 아침 외부 일정을 끝내고 사무실로 돌아가는 오전 11시, 출출할 시간이다. 한때는 아침 챙겨 먹는 일상을 꿈꾸기도 했다. 자취 경험이 있는 사람이라면 한 번쯤 아침이 있는 일상을 계획해본다. 토스트에 달걀프라이와 모닝 커피, 간단한 반찬과 미역국, 하다못해 시리얼에 우유를 붓는 일이라도. 아, 얼마나 헛된 알람들이 울리고 울렸는가. 십 대 시절의 건강했던 일상을 되찾겠노라 굳게 마음먹어봐도 소용이 없지. 지난 자정 넷플릭스를 켜지 않았더라면. 아니 새벽 1시, 유튜브라도 보지 않았더라면.

십 대까지는 어머니의 노동에 기대어 삼시 세끼가 당연한 줄 알고 살았다. 자취를 시작하고 어언 10년이 다 되어가는 지금에서야 뇌에 주름이 졌는지 한 끼를 당연하게 여기지 않게 되었으나 배꼽시계만큼은 십 대 시절을 벗어나지 못했다. 당연했던 아침 식사의 기억이 모두에게 허락된 것이 아니라는 사실 또한 알게 되었고. 어떤 삶을 살았던지 인간은 아침 8시면 배가 고프다. 당연한 끼니란 없다. 알람을 듣고 부엌 앞에 서지 않으면, 냉장고의 문을 열어 식탁을 차리지 않으면 꼼짝없이 굶는 수밖에. 그렇게 나의 또래들은 오전 내내 점심 메뉴를 고민하는 배고픈 청춘이 되었다.

오전 11시, 나는 운전 중이다. 쭉 뻗은 종로대로를 지난다. 여지없이 배꼽시계가 울린다. 손은 핸들을 붙잡고 있지만 머리는 온통 밥 생각뿐이다. 종로5가부터 광화문 사거리까지 곳곳의 식당들이 생각난다. 당장 우래옥으로 핸들을 돌릴까. 종로3가로 진입하면 늦는다. 농후한 육수가 매력적인 평양냉면이 먹고 싶다고 생각하는 사이 벌써 종묘를 지나 탑골공원이 보인다. 여기서 핸들을 꺾으면 을지면옥이나 유진식당의 냉면을 먹을 수 있다. 이미 지나친 냉면을 다시 생각해 무엇할까, 그러면 을지로3가 쪽 동원집의 감자국도 든든하니 좋겠다. 그것도 아니면 이남장에 가서 설렁탕을 먹을까? 기본 설렁탕 1만 원에 무려 7000원을 더한 '특'을 시키면 소혀를 비롯한 온갖 고기 고명이 푸짐하게 들어가 호화로운 점심 식사를 할 수 있다. 선택지가 많아도 고민이다. 종로에서의 한 끼란 보통 일이 아니다. 기본 업력이 30년씩은 넘을 노포의 향연 속에 갈피를 잡지 못하고 방황한다. 길이라도 꽉꽉 막히면 좋으련만, 신호는 왜 이렇게 잘 받는지 광화문이 금방이네.

종로 거리를 지나 광화문 사거리에 진입하면 탁 트인 광경 곳곳 직장인들의 성지 같은 가게들이 생각난다. 동화면세점 뒤편 광화문국밥이나 김치찌개 집도 좋고, 세종문화회관 방향으로 틀면 오랜 단골인 화목순대국의 얼큰한 국밥을 먹을 수도 있다. 근처 공영주차장을 찾아 주차를 할까 싶었다. 마지막 고민이었다. 이 거리를 지나면 서대문 사무실까지 더 이상 고민할 가게도 없다. 고속도로의 '마지막 휴게소'를 보고 들어갈까 말까 고민하는 심정이다. 걷다 보면 멈출 수 있지만 운전에는 별 도리가 없다. 서울 시내 고독한 미식가들에게는 운전이 취약이다. 골목 골목 소중한 가게들을 이렇게 경우 없이 지나쳐야 한다니!

배가 고팠고, 광화문을 지나쳤다. 그제야 결심이 섰다. 뜬금없게도 나는 지금 쫄면이 먹고 싶다.

달걀 반숙, 섭섭하게 반쪽만 올려준 그 쫄면이 먹고 싶다. 오이 고명을 즐기지 않지만 쫄면의 빨간 양념을 중화시켜 주는 데에는 그만한 것이 없다. 콩나물 고명과 면이 같이 씹히는 식감이 좋고, 달달하니 매콤새콤한 대단치 않은 맛의 그런 쫄면이 먹고 싶다. 쫄면 맛집이 따로 있나, 사무실 근처 김밥 파는 분식집 어디를 가든 쫄면이 있다. 포장한다고 맛이 달라질 일도 없으니 김밥 한 줄과 함께 포장을 하자. 이 빨건 양념에 참치김밥 정도는 곁들여줘야 한다. 주차를 하고 사무실로 가는 길에 있는 김밥집에서 쫄면과 참치김밥을 포장했다. 군침이 돈다. 아는 맛이 무섭다.

이 요상한 면은 어디서 왔을까. 쫄깃쫄깃이라는 말 외에 설명하기 어려운 식감, 면이 다양하기로 둘째 가라면 서러울 한국 음식 중에서도 유별난 면식이다. 찬 육수에 말아 막국수나 밀면처럼 먹기에도 어쩐지 애매하고, 그렇다고 설렁탕 소면이나 김치찌개의 라면 사리마냥 보조 재료가 되기에는 개성이 분명하다. 자주 가는 백반집에서 '쫄면 순두부'라는 메뉴를 내놓는데, 그렇게 활용하려고 마음먹고 만든 메뉴가 아니고서야 쫄면은 그저 쫄면으로 소비된다. 그러니 재료의 이름과 대표 메뉴의 이름도 같다. 비빔쫄면이 아니라 쫄면이고, 쫄면의 사리 또한 그저 쫄면일 뿐이다. 오롯이 고추장 양념에 비벼 먹기 위해 만들어진 면일까?

사실 쫄면은 족보가 아주 분명한 음식이다. 대다수의 사람들이 인정하는 '탄생지' 또한 어엿하게 남아 있다. 인천의 '광신제면'이 쫄면의 출생지이다.

1970년대, 인천 중구에 위치한 광신제면은 북적거리는 골목 식당들에 면을 뽑아 대던 곳으로 늘 문전성시였단다. 공장지대로 복작거렸던 인천의 골목에서 빠르게 국수를 먹는 사람들의 행렬이 상상된다. 늦게까지 면을 뽑는 일이 다반사였고, 고된 노동에 피곤했던 한 노동자가 냉면을 뽑아야 하는 사출기의 틀을 잘못 끼워버리는 바람에 냉면보다 두껍고 쫄깃한 면이 뽑혔다. 무엇 하나 쉽게 버리지 않던 시절의 이야기다. 잘못 뽑힌 면이라고 그대로 버릴 수 없어, 인근 식당에 나누어주었고, 이 난해한 면을 어찌할까 고민하던 분식집에서 고추장에 채소를 버무려 넣어 지금의 쫄면을 만들었다. 지금도 광신제면에 가면 틀을 잘못 끼워 굵고 쫄깃거리는 면을 뽑아낸 기계가 그대로 남아 있다. 분식 역사에 한 획을 그은 기막힌 실수다. 기록 가능하고 확인 가능한 지근거리의 역사에서 이렇게 전 국민이 먹는 음식이 탄생했다니.

쫄면은 그렇게 인천 골목 한 제면소에서 시작해 전국의

오이와 콩나물 고명을

빨간 양념과 슥슥 비벼

한입 넣으면

아삭아삭 쫄깃쫄깃 식감 파티가 벌어진다.

인천의 한 골목에서 시작되어

전국의 분식집으로 퍼져나간 쫄면.

분식집을 점령했고, 70년대 이후 학창시절을 보낸 사람들에게는 특별한 추억의 음식이자 지금 이 순간에도 곳곳에서 소비되는 어엿한 메뉴로 당당하게 자리를 잡았다. 50년의 역사다. 이런저런 음식을 두고 '전통'이라는 말을 붙여가며 이야기하지만 전국 어디에서나 찾을 수 있고, 벌써 반백 년이 되어가는 동안 식탁에 올랐으니 쫄면이야말로 '전통' 음식이 아닐지.

여기 또 하나의 전통 음식이 있다. 42년 노포, 을지OB베어의 생맥주다. 을지로-종로 일대에서 오직 맥주 하나와 간단한 안주만으로 숱한 노포들과 어깨를 견주는 가게로 맥주 역사에 한 획을 그었다. 술깨나 한다는 사람들은 한국 맥주가 맛없다 하고, 그중에서 특히 생맥주의 질이 나쁘다고들 말한다. 그러니 생맥줏집에 가서도 '병맥주'를 주문하는 일이 다반사다. 그런 술꾼들도 을지OB베어 앞에서는 한 수 접어야 한다. 여름에는 2도, 겨울에는 4도. 을지OB베어의 초대 사장이 발견한 최적의 맥주 온도다. 매일같이 들여오는 맥주를 실온에 방치하는 일 없이 냉장고에 넣어 3일간 일정 온도에서 숙성을 한다. 이 기간도 초대 사장이 발견한 최적의 숙성 시간이다. 보통의 생맥줏집에서는 냉각기를 사용한다. 케그keg에서 맥주를 뽑아낼 때 순간적으로 온도를 낮추는 용도다. 을지OB베어는 고집스럽게 냉각기도 사용하지 않고, 직접 고안한 관을 통해 맥주를 뽑아낸다. 매일같이 그 관을 닦아내는 일 또한 잊지 않고. 맥주 한 잔을 위한 수고스러움을 생각하면 500cc 한 잔에 4000원이라는 가격이 송구스럽다. 초대 사장의 고집은 따님인 2대 사장이 고스란히 물려받았다. 그리고 지금은 단골들에게 '3대 사장'이라 불리는 손자가 가게 일의 전반을 맡아 42년의 고집을 물려받는 중이다.

그 고집으로 맥주를 뽑아내고, 노가리를 구웠다. 치맥 유행 이전에 노가리와 맥주라는 오랜 불문율을 만들어낸 원조 가게가 바로 을지OB베어다. 연탄불에 구워낸 노가리에 비법 고추장 양념을 찍어 맥주와 곁들여 먹는, 지금은 동네 호프집 어디서나 만날 수 있는 그 짝꿍을 처음 고안해낸 것이 을지OB베어다. 을지OB베어를 시작으로 근처에 맥주와 노가리집이 생겨나며 '을지로 노가리 골목'이라 불리게 되었다. 무슨 골목이라 이름 붙이면 해묵은 원조 논쟁이 꼬리에 꼬리를 물기 마련인데, 이 동네는 누가 뭐라 해도 '을지OB베어'가 원조라고 입을 모은다. 같은 업종의 가게들도 인정하는 바이니 진위 여부를 따질 필요도 없을 것이다. 한결같은 호프 맛을 유지하니 OB맥주의 상징처럼 여겨지기도 한다. 광화문, 종로 직장인들

맥주와 노가리로

을지로 골목을 널리 알린 을지OB베어.

가게 한 군데를 넘어 골목 전체를 차지하려는

욕망과 싸워야 한다.

에게는 성지 같은 곳이다. 퇴근 시간이 되면 좁은 가게에 바글바글 발 디딜 틈이 없다. 을지OB베어를 시작으로 숱한 후발주자들이 생기며 '을지로 노가리 골목'으로 여러 가게가 어울려 자리를 잡으니 서울시에서도 '서울 미래유산'이라며 대대적으로 홍보를 지원했다. 원조 가게에는 중소벤처기업부가 지정하는 '백년가게' 마크가 당당히 붙어 있다. 누가 뭐래도 '노가리 골목'을 일군 일등 공신이다. 맥주 장사를 근처에서 해도 되겠느냐고 을지OB베어를 찾아와 묻는 사람에게 초대 사장은 "함께 하자!" 말했다고 한다. 품이 넓으니 골목도 넓어졌다. 근처 공구 거리의 사장님들과 광화문 종로 일대 퇴근하는 넥타이부대 손님들 그리고 이제는 '힙지로' 열풍에 힘입어 젊은 사람들까지 세대 불문 모두가 둘러앉아 맥주와 노가리를 먹는다.

그렇게 만든 골목이건만, 지금은 건물주와의 분쟁으로 42년간 지켜온 가게 자리가 위태롭다. 용역을 동원한 강제집행이 벌써 수차례 있었다. 월세를 올려내겠다고 해도 소용이 없다. 이 갈등 이면에는 골목에 문어발처럼 세를 확장한 후발주자 맥줏집이 있다. 골목의 상징인 을지OB베어가 눈엣가시인 건지, 쫓아내기 위해 안달이다.

3대 사장 최성혁 씨와 함께 밤을 지새운다. 언제 용역이 들어올지 몰라 철야를 하는 중이다. 매번 심각한 철거 얘기만 하다 마음 깊은 곳에 숨겨둔 속 얘기를 하나둘 꺼내놓는다. 처음 할아버지 가게에서 일을 시작했을 때의 당혹스러움, 드센 단골들 사이에서 혈기를 삭이기도 여러 번이었다. 그러다 한바탕 말싸움이라도 하고 나면 매일같이 오던 단골이 몇 개월 발을 뚝 끊는단다. 공구 거리의 거친 단골들이다. 초대 사장의 호통이 아니면 기세를 꺾지 않는 고집스러운 단골들이었다. 젊은 사장과 대면식을 하며 홍역을 앓았던 것이겠지. 그렇게 발을 끊은 단골들을 지나다 만나면 정중히 인사를 했다고 한다. 그러면 또 언제 그랬냐는 듯 일주일에 여섯 번을 온단다. 그동안 밀렸던 맥주 청구하는 것마냥 매일같이 발걸음을 한단다.

"지난번 강제집행이 들어온 날, 이웃 공구 가게 할아버지 한 분이 문 하나를 맡아 지키셨어요. 덩치 큰 용역이 문 사이에 발을 집어넣고 할아버지에게 포기하라고 하더라고요. 할아버지는 문을 붙잡고 계속 놓지 않으셨어요. 몇 시간 지나니까 할아버지 손이 떨리는 거예요. 그래도 놓지 않으시더라고요."

맥주와 노가리에 정성을 들이는 마음이

커지고 커져서 맛집을 만들고,

노가리 골목을 만들고, 힙지로를 만들었지만

차가운 돈의 논리 앞에서는 맨몸으로 버티는 것 말고 도무지 방도가 없다.

성혁 씨가 100여 명 용역이 들이닥쳤던 날을 회상한다.

“나중에는 그 젊은 용역이 할아버지에게 그만 손을 떼라고, 자기가 먼저 발을 뺄 테니 제발 손을 떼라고 하더라고요. 제가 그걸 보면서 이 가게를 꼭 지켜야겠다고 마음을 먹었어요.”

이제 반백 년을 향해 달려가는 을지OB베어는 가게를 지켜야 하는 중요한 기점에 서서 세대교체를 준비한다. 그렇게 또 골목의 한 페이지가 넘어가겠지. 다음 페이지의 사람들이 잠시 뒷장을 넘겨본다면 그 이야기에는 내 몫도 몇 글자 정도는 적혀 있겠다. 그렇게 노포의 연대인이 된다. 이윽고 단골이 된다. 동시대를 살아가는 우리 모두는 50년, 100년을 향해 달려가며 ‘전통’이 되어가는 어떤 문화들에 조금씩 일조하는 중이다.

한국의 근현대사를 두고 압축적으로 너무 많은 일을 겪었다고들 말한다. 뻔한 이야기지만, 그 과정에서 잃어버린 것도 너무 많다. 역사적·문화적 가치가 있는 적산가옥들이 비명 한 번 못 지르고 사라졌다. 자랑할 만한 유산이 될 수 있었던 숱한 가능성들이 개발 논리에 사라졌다. 어디 건물만 사라졌을까. 공간이 사라지며 사람도 지워졌다. 문화도 지워졌고 함께 생존해야 한다는 연대 의식 또한 철거당했다.

거대한 도시와 그 도시를 지탱하기 위해 쉼 없이 돌아가는 노동의 굴레, 그 굴레가 우리 삶을 집어삼킬 것처럼 굴 때도 든든하게 인간의 곁을 지켜준 것은 정성껏 준비한 한 그릇의 음식이었다. 그 시절 내 윗세대의 허기짐과 맛있는 한 끼의 갈망을 충족시켜준 가게들은 세월의 풍파를 거뜬히 견디고 40, 50년 업력의 노포가 되었다. 내게 있어 그 노포들의 존재는 지난 수십 년간 너무 쉽게 쫓아내고 지워버린 인간성을 지켜온 최후의 보루들이다. 나는 그 가게들에서 냉면과 국밥을 먹고 맥주를 마시는 이들과 더불어 즐기며 사람다운 삶에 대한 욕망을 충족시켰다. 잘 사는 법을 배웠다.

그러니 한 가게를 '100년 가게'로 지켜내는 일은 곧 100년을 버티는 골목을 만드는 일이고, 그런 골목을 곳곳에 일구어가는 일은 100년을 거뜬히 견디는 문화를 만드는 일을 의미한다. 사람의 삶은 그 문화를 토양 삼아 꽃 피운다. 우리는 그런 역사를 너무 많이 잃어버렸지만, 여전히 가지고 있고, 이런 척박한 세상 속에서도 누군가는 계속해서 식탁을 차리며 100년 가게의 첫발을 떼고 있다.

나는 묻는다. 우리에게 쫄면을 먹는 일보다 더 가치 있는 일이 있는지. 맥주와 노가리를 지키는 일보다 더 가치 있는 일이 있는지. 3대 사장과 수다를 떨며 새벽을 보냈다. 너스레를 떤다. 요즘은 사람도 100년을 산다는데, 을지OB베어 100주년 기념행사에서 꼭 인생 마지막 맥주를 마시겠노라고. 실없는 소리에 밤이 깊어간다. 술꾼들아, 단골 가게를 지키자.

* * *

2022년 1월, 을지로노가리 골목 일대에만 11개의 매장이 있고, 전국에 분점을 둔 인근 호프는 을지OB베어 건물 지분 62%를 인수하며 사실상 건물주가 되었다. 건물주가 된 프랜차이즈 호프의 대표는 골목의 원조 가게인 을지OB베어와 대화할 것을 약속했다. 대화를 기다리고 있던 4월 21일 새벽 3시, 건물주가 고용한 70여 명의 용역이 아들 사장과 연대인 두 명만이 있던 을지OB베어에 대한 야간집행을 강행한다. 이 과정에서 42년 된 집기와 내부 구조물을 전부 들어냈으며, 아들 사장은 부상을 입어 치료를 받게 되었다. 2022년 7월 6일 기준, 을지OB베어 자리에는 건물주의 새 가게 간판이 걸렸다. 을지OB베어를 지지하는 시민들은 건물주가 운영하는 프랜차이즈 호프 매장 앞에서 매일 문화제, 예배, 행진 등을 하며 대화와 상생을 촉구하고 있다. "을지OB베어도 지키지 못하면 어떤 가게도 지키지 못합니다!"라고 외치며.

서브웨이
샌드위치

같이 먹는
사이

22

- 소스와 채소만으로 충분히 맛있는 서브웨이, 비건으로 주문해보자.
- '베지'를 선택한다.
- 빵은 '위트'를 선택.
- 비건 치즈는 없으니 생략.
- 아보카도 외에 추가 재료는 불가능하다.
- 채소는 가능한 한 모두 넣자.
- 랜치, 마요네즈, 사우스웨스트, 홀스래디시, 허니머스터드를 제외하고는 모두 비건 소스다.
- 세트로는 찹샐러드나 웨지포테이토를 주문하면 된다.

*서브웨이는 비건 재료에 따로 표시를 해놓는다. 주문할 때 참고!

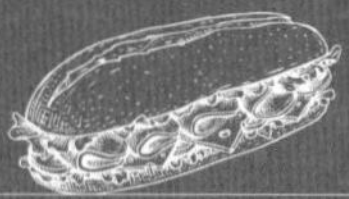

처음 서브웨이 샌드위치를 마주했을 때의 그 당혹감이란. 나는 그저 적당한 햄, 적당한 빵과 적당한 소스가 필요했을 뿐인데. 우선 열 가지가 훌쩍 넘는 샌드위치 종류 중 하나를 골라야 한다. 달걀이 들어간 샌드위치부터 새우, 치킨, 풀드포크바비큐에 큼지막한 고깃덩이 터프하게 들어가 있는 미트볼까지. 첫 방문인 데다가 뒤에 다른 손님까지 서 있다면 "먼저 하세요."라는 말이 절로 나오는 구성이다. 마음에 드는 샌드위치를 골랐다면 당당하게 주문을 하자.

"이탈리안 비엠티 주세요."

사전 정보 없이 서브웨이를 방문한 것이라면 이때부터 본격적으로 곤란해지기 시작할 것이다. 나의 경우 이 단계에서 카드부터 내밀었다가 머쓱하게 손을 감춰야 했다.

"빵 크기는 어떻게 하시겠어요?"

순댓국 보통과 곱빼기 중에 뭘 시킬지 고민한 적은 있어도 샌드위치 사 먹으며 빵 크기를 고려해본 적은 없다. 제시된 길이는 15센티, 30센티로 두 가지. 단순하게 생각하자. 30센티자를 머릿속에 떠올려보자. 보통 혼자서는 먹기 어려운, 약간 작은 바게트 정도 되는 크기다. 따지고 보면 다 쉬운 일이지, 그래봐야 샌드위치 사 먹는 것뿐인데. 모르면 또 어때, 물어보면 되잖아. 점원은 친절하고, 누구도 나를 독촉하지 않는다. 알면서도 뭐가 그리 어렵고 창피한지. 빵 크기를 고르고 나면 다시 한번 난감한 상황에 봉착한다. 이번에는 난이도가 조금 더 높다. 6개의 빵 종류 중 하나를 골라야 한다. 아, 이 선택의 자유라니. 개성이라고는 남들보다 덥수룩한 머리와 늘어진 셔츠뿐인 대충 사는 인생에 너무 가혹한 주문법이다. '이게 맛있는 거야'라고 그저 내 입에 강요해주면 좋으련만. 미국의 라이프

스타일이란 이런 것일까.

나와 같은 사람이 많았던 건지, 메뉴 곳곳에는 힌트가 적혀 있고 점원은 익숙하다는 듯, 적당히 무관심한 표정이다.

"쫄깃하고 고소한 빵" 플랫브레드 아래 써 있는 문구. 평소 두꺼운 빵을 좋아하지 않았다. 사진으로 볼 때 가장 얇아 보이기도 했고, 쫄깃하고 고소하다니, 한국인이 좋아하는 단어 두 개가 나열되어 있다. 쫄깃, 고소. 어지간하면 맛있지 않을까 하는 마음으로 골라본다. 다음은 치즈 고르기. 세 가지 종류의 치즈가 있다. 평소 와인 좀 마신다 하는 사람 아니면 여기서 바로 취향대로 고를 수 있는 한국인이 몇이나 있을까. 나는 반쯤 포기 상태에 이르렀다.

"가장 많이 고르는 치즈가…?"

"아메리칸 치즈 많이 하세요."

"네, 그럼 그걸로 주세요."

그 다음은 채소다. "채소 빼실 것 있으신가요?"라는 식으로 물어보는데 별 도리가 없다. 뭐라도 하나 빼면 큰일이 날 것 같고, 뭐라도 하나 더 해도 안 될 것 같다. '모난 돌이 정 맞는다'는 말이 몸에 배어 있다. 세상에, 샌드위치 주문하면서 별 생각을 다 하네. 이제 가장 어려운 부분이 남아 있다.

"소스는 뭘로 하시겠어요?"

소스 종류만 열 가지가 넘는다. 심지어 조합이 가능하고, 보통 두 개씩은 골라야 하는 것 같다. 고민해도 소용이 없다. 이 수많은 샌드위치 중 하나를 고르고, 여섯 개의 빵 중 하나를 골랐는데 이 특별한 샌드위치에 어울리는 특별한 소스가 무엇일지 어떻게 알 수 있단 말인가.

"가장 많이 고르는 소스가…."

"랜치랑 스위트어니언 추천해드려요."

"네, 그럼 그걸로 주세요."

세트 메뉴를 시켰으니 사이드와 음료까지 골라야 이 모든 과정이 마무리된다. 괜찮다, 그 정도는 할 수 있다. 샌드위치에 쿠키, 샌드위치에 감자칩이라니 어쩐지 어색하지만. 미국 드라마 어딘가에서 본 것 같다. 식사 메뉴에 감자칩이 딸려 나오는 모습을. 그렇게 나의 첫 서브웨이 샌드위치를 만났다. 낯선 만남이 주는 설렘보다는 미지와의 조우에서 오는 부담감이 더 컸다. 그렇지만 맛은 있었다. 산뜻하고, 든든하다. 샌드위치에서 이렇게 다채로운 맛이 날 수 있는지 처음 알았다. 그래봐야 프랜차이즈 음식이겠지만, 워낙 빵을 먹지 않는 사람인지라 신선하게 느껴진다. 음료로 닥터페퍼를 고를 수 있는 점도 마음에 들었다.

이후로 어엿한 서브웨이 손님이 되었느냐고? 그럴 리가. "가장 많이 고르는 걸로 주세요"라는 마법의 주문을 너무 일찍 알아버렸다. '랜치'와 '스위트어니언'에서 벗어나는 법이 없는 재미없는 손님으로 전락했다. 나는 지금도 서브웨이의 유리문을 활짝 열어젖히고 성큼성큼 들어와 "터키, 15센티, 허니오트 주세요"라고 거침없이 이야기하는 사람들이 멋있어 보인다. 아, 한 가지 빼먹었다. 빵을 구울 것이냐 묻는다. 굽는다고 대답하자. 뭐든 따뜻하면 좋겠지 하는 마음으로. 실은 다른 주문은 아직 해보지 못해서 모르겠다. 이렇게 말하면 내가 서브웨이 샌드위치를 그 이후로 먹지 않는 사람처럼 보일 수도 있겠다는 생각이 든다. 아니, 나는 어느 정도는 서브웨이의 단골이라고 할 만한 소비자다. 빵 속에 무언가를 끼워 먹는 온갖 종류의 음식 중에서는 서브웨이를 가장 좋아한다고도 할 수 있겠다. 다만 보수적이고 방어적인 소비자일 뿐. 한번 결정한 것을 좀처럼 바꾸는 법이 없고 새로운 것을 받아들이는 데에도 시간이 오래 걸리는 답답한 종류의 사람.

"아직 서브웨이 같이 먹는 사이는 아니에요."

서브웨이와 초면이라면

미리 마음을 단단히 먹고 들어가야 한다.

순식간에 눈앞에 펼쳐진

수많은 빵과 치즈,

채소와 소스의 선택지에 당황할 수 있다.

농성장에서 만난 어떤 이가 농담조로 말했다. 농성하는 가게 바로 근처에 서브웨이가 있었다. 단지 한 가게를 지키기 위해서 모인 사람들이다. 서로를 관통하는 공통점이라고는 그것뿐, 우리는 아직 서로가 낯설다. 입맛은 또 어찌나 다양한지. 간단하게 끼니를 때우며 각자의 취향까지 만족시킬 수 있는 지점에 서브웨이가 있었다. 어엿한 비건 메뉴까지 갖추고 있으니 더할 나위가 없다. 낯선 사람과 살을 부대끼며 밤을 새워야 하고, 토론과 회의를 해야 하며, 식사를 해야 한다. 농성장은 외부의 부당한 압력에 맞서 싸우는 동료들이 모인 베이스캠프이면서 동시에 치열하게 서로의 못남을 발견하고 허물을 벗겨내며 깨지고 세워지는 과정이 반복되는 불편한 자리이기도 하다.

결국 서로가 서로를 주문하는 일이다. 다만 "가장 많이 고르는…" 따위의 요행은 불가능하다. 주문하고, 맛보고 서로의 관계에서 실패하며 정직하게 고통스러워하는 것만이 단단한 관계를 쌓으며 서로라는 아득한 거리를 좁혀나갈 수 있는 유일한 방법이다. 농성장에서 한 발자국만 나가도 서로 마주할 일 없는 이들이 모여 있다. 어떤 가게가 쫓겨나지 않기를 바라는 마음은, 마주하고 싶지 않은 내 모습을 발견하는 일과 타인을 식구로 받아들이는 일로 이어진다.

쿠폰이 몇 장이고 쌓여간다. 샌드위치 하나에 도장 하나. 열 장을 모으면 샌드위치 하나가 공짜. 그러는 사이 나눈 얘기들도 차곡차곡 쌓인다. 당신이 얼마만큼의 고민을 끌어안고 사는지, 당신의 어깨는 어떤 무게를 지고 있으며, 나는 그걸 얼마나 나눠 질 수 있는지. 낯선 타인을 탐색하는 시간이 지나고 서로를 동료라고 기꺼이 부를 수 있게 되었을 때 우리는 여전히 다르지만 그래도 비슷한 꿈을 꾸게 되었고, 여전히 해결된 것은 없지만 앞에 산적해 있는 문제들을 함께 해결할 수 있다는 확신을 갖게 되었다. 농담조로 이야기했지, 아직 서브웨이를 같이 먹는 사이는 아니라고. 포장해서 각자 자리에 앉아 먹었으니까.

쿠폰을 다 쓰지 못하고 농성은 끝이 났다. 어느새 우리는 너무 닮아버렸다. 다시 또 쫓겨나는 가게와 동네, 골목을 찾아 긴 여정을 몇 번이고 반복한다. 우리는 여전히 서로에 대해 다 알지 못하며 앞으로 얼마만큼의 시간이 주어지든 미지의 영역은 여전할 것이다. 그래도 나는 서브웨이에 가서 주문을 하는 일보다, 당신을 만나는 일이 훨씬 쉬워졌다.

낯선 만남들은 계속될 것이다. 보수적인 사람인지라, 미지의 영역 없이 세상 모든 것이 그냥 그렇게 퍼즐마냥 딱딱 맞춰질 수 있으면 얼마나 좋을까 종종 생각한다. 그러나 우리는 멈춰 있을 수 없고, 불편하다고 누군가를 지울 수 없으며, 함께 사는 일을 포기할 수 없다. 어깨를 부딪치며 만석의 지하철을 지나야 하는 시끌벅적한 삶에서 타인이 그저 불편함이라 여겨질지 모르나 결국에는 대도시라는 이름의 좁은 농성장에서 살 부대끼며 살아야 하는 딱한 존재들이다. 서로가 서로를 불쌍히 여기자.

같이 서브웨이를 먹으러 갈 참이다. 15센티 말고 30센티를 시켜서 먹어보고 싶다. 몇 사람 더 데려가면 가능하지 않을까. 랜치와 스위트어니언 말고 홀스래디시나 레드와인식초 소스를 골라볼 것이다. 빵은 파마산 오레가노가 좋겠다. 슈레드 치즈를 넣고 아보카도와 베이컨을 추가해야지. 물론 메뉴는 이탈리안 비엠티다.

"집행 중지!
집행 중지!"

망친 김치전도 맛있던 그날

23

° 동네 단골 전집 레시피, 끈질기게 물어보자.

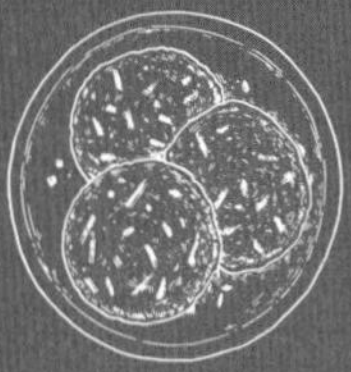

전 부치는 소리는 사람을 설레게 한다. 기름 넉넉하게 두른 팬에 갖은 양념과 재료를 넣은 밀가루 반죽을 한 국자 떠 넣고 튀기듯 구워낸 음식. 묽게 만든 반죽을 얇게 펴 바삭하게 구워낸 것도 좋고, 두툼하게 구워 겉은 바삭, 속은 촉촉하게 먹는 예스러운 방식도 좋다. 전을 가장 맛있게 먹는 비법은 막 지져낸 것을 바로 찢어 먹는 것인데, 누가 부치고 있는 걸 옆에서 조금씩 주워 먹지 않는 이상 맛보기가 쉽지 않다. 제일 먼저 부쳐낸 것은 접시 맨 아래에 깔리고 그 위에 차곡차곡 전을 쌓는다. 마지막으로 팬에서 나온 전을 맨 위에 올려 식탁에 내놓으면 젓가락들의 맹공격이 시작된다. 맨 아래, 첫 번째로 부쳐낸 전은 모양도 예쁘지 않다. 매일같이 하는 음식은 아니니까,

'한 국자'라는 애매한 계량법의 적당한 양을 찾아내는 데에 두어 장이 희생되기 때문. 개인적으로는 그 맨 아래에 깔린, 첫 번째 전을 좋아한다. 모양도 잘 잡히지 않고 두께도 두꺼운, 식은 지 오래된 전. 다른 젓가락들의 눈치 볼 것 없이 여유롭게 내 몫을 챙길 수 있는 고상한 첫 번째 전이 좋다.

공덕역에 가면 '전 골목'이 있다. 온갖 종류의 전을 미리 한번 지져내 바구니에 담아 놓고 무게를 달아 파는 식이다. 김치전, 파전은 물론이거니와 생선전, 산적, 햄전, 스팸전, 애호박전에 온갖 튀김류까지. 팬에서 기름으로 조리할 수 있는 모든 종류의 음식이 다 있다고 봐도 무방하다.

퇴근 시간이 되면 인근 회사원들로 가득 차고, 늦은 저녁이면 근처 족발 골목에서 1차를 하고 온 사람들이 만취한 상태로 막걸리 잔을 부딪치며 밤을 지새운다. 당연히 전 하나하나 따로 부쳐내는 집들보다야 못한 맛이지만 그 푸짐함과 다양성, 전에 대한 한국인들의 열정이 빚어낸 풍경이 밤새 펼쳐지는 장관에 녹아들기 위해 골목을 찾는다. 벽에 깊게 배어 있는 기름내와 소리 지르는 사람들, 잔 부딪치는 소리, 울고 웃는 소리가 뒤섞여 크게 굿을 한판 벌이는 것 같다. 늦은 시간 서울 한복판과 곳곳의 시장, 동네 전집에서 벌어지고 있는 이 굿판 속에서 사람들은 분한 마음 쓸어내리고 슬픈 마음 풀어낸다.

> 빗방울 부딪치는 소리를 두고 전 부치는 소리 닮았다고 하지. 매일같이 전을 먹고 싶은 사람들이 만들어낸 훌륭한 핑계다.

아무튼 비가 오기만 하면 괜히 한마디 꺼내볼 수 있으니까. 비 오는 날, 막걸릿집에 가서 전을 시킬 때면 나는 어김없이 해물파전을 주문한다. 오징어와 파를 손질해야 하는 수고가 있고, 무엇보다 손가락 마디만큼 두꺼운 해물파전을 집에서 구워내기란 쉬운 일이 아니니까. 집에서 전을 먹는 날이면 여지없이 김치전이다. 냉장고에서 쿰쿰하게 익은 김치를 써먹기에 이만한 요리가 없다. 잘게 다진 김치와 밀가루면 기본 요소는 이미 모두 갖췄다. 김치 국물 부어가며 색깔이 난다 싶으면 그대로 구워내도 그럴싸한 맛이 난다. 구색을 제대로 갖춰야지 싶으면 양파와 대파를 좀 썰어 넣고, 설탕이나 약간의 간장을 넣어 반죽해 지져낸다. 거기에 홍고추 썰어 올리면 그럴싸하지. 김치의 산미가 탄수화물을 무한대로 섭취할 수 있도록 산뜻한 풍미를 주면서 기름의 맛이 입안을 감싼다. 여기에 치즈를 올리거나 소시지를 썰어 넣기도 하고, 대패삼겹살을 깔아 일품요리를 만들기도 한다. 우리는 그만큼 김치전에 진심인 사람들이다.

기억에 남는 김치전이 있다. 퍽 오래전의 일이다. 동료들과 함께 서울 마지막 판자촌이라 불리던 구룡마을에서 매주 예배를 드렸다. 개포동 타워팰리스와 정면으로 마주하는 구룡산 자락에 위치한 판자촌. 큰불이 나서 마을 예배당이 다 타버렸다는 소식을 듣고 방문했다. 강남구 금싸라기 땅에 판자촌이 있으니 싹 밀어버리고 개발해야 한다는 사람들 눈살에 치여 살던 동네였다. 크고 작은 화재가 잦았다. 위험한 동네이니 개발하자는 핑계를 댄다. 위험한 동네라면 살기 좋은 동네를 만들어 원주민이 재정착할 수 있도록 대책부터 세우고 개발을 이야기해야 한다. 낙후됐다는 이유로 동네를 개발하면 그곳에 재정착할 수 있는 사람은 10명 중 3명이 채 되지 않는다.

땅과 집을 사람이 사는 공간으로 인식하지 않고 숫자로 치환되는 부동산의 렌즈로만 바라보니, 대책 마련에는 관심이 없고 있는 사람 쫓아내 그저 아파트를 짓자고만 한다. 그렇게 세워진 아파트에 원주민의 자리는 대체 어디에 있는지, 내 자리는 어디에 있는지. 같은 몸뚱이를 가지고 태어나 같이 사람이라 불리며 자라왔는데 왜인지 우리에게는 마음 편히 누울 집이 허락되지 않는다. 아무리 걷고 걸어도 땅은 이어지고, 천지에 아파트가 솟았는데 어떤 이들은 판자촌에 살며 화재를 걱정한다. 그런 탓에 흉흉한 소문도 돌았다. 판자촌 볼썽사나워하며 개발만을 외친 사람들이 방화를 사주한 것이 아니냐는 이야기. 개발 지역에서는 그저 웃고 넘길 수 있는 일이 아니다. 동네를 슬럼화시키겠다며 이불에 오줌을 싸서 곳곳에 뿌려두지 않나, 한 덩치 하는 형님들이 괜히 동네를 어슬렁거리며 주민들을 흘겨보지 않나. 부동산값이 사람 목숨값을 훌쩍 뛰어넘은 세상에서 인간을 향한 마지막 신뢰는 무너지고 갈등만 남는다. 그 상황을 조장하는 사람들이 있다.

그 동네의 주민들과 함께 예배를 드렸다. 철거를 막고 생존권을 주장하기 위한 예배다. 불자나 무신론자 관계없이 모두가 모여 예배의 형태로 "여기 사람이 있다." 그렇게 말했다. 마을 초입에 마을회관이 있었다. 하루는 용역과 구청 직원 500여 명이 그 회관을 부수겠노라 새벽같이 몰려들었다. 전쟁영화의 한 장면마냥 저 멀리서 달려오는 500여 명의 용역을 막기 위해 모인 것은 나를 포함한 몇 명의 학생과 종교인들, 시민사회 활동가들과 고령의 노인들이다. 전략이랄 것도 없다.

서로의 팔을 엮어 끌려가지 않게 단단히 동여매는 것이 전부다. 하릴없이 끌려 나와 짐짝처럼 들려 행렬의 맨 끝으로 보내졌다. 회관으로 들어가겠노라 달려들어도 소용이 없다. 사람의 벽이 높다. 말을 걸어봐도 소리를 질러봐도 억지로 몸을 욱여넣어봐도 틈 하나 생기지 않는다.

회관의 정문 입구 위, 창문을 열고 넘어가야만 올라갈 수 있는 좁은 공간에 할머니 두세 분이 겨우 앉아 있다. 무슨 나뭇더미를 쌓아둔 게 아니다. 사람이 앉아 있었다. 모든 저항이 무의미해지는 순간 몸으로 저항하기 위해, 누가 시키지도 않았는데 가장 위험한 곳에 노인들이 올랐다. 바닥에 매트를 깔아 놓은 것도 아니니 안전하게 끌어내리는 데 시간이 걸릴 것이라 생각했다. 기우였다. 회관 앞을 막던 사람들을 해산시키고 나서 바로 포클레인이 동원된다. 사람이 올라 있는 건물의 허리에 곧바로 이빨을 들이밀었다. 간이 건물의 벽면이 모래성처럼 뜯겼다. 그 건물의 가장 위험한 자리에는 사람이 있었다. 항의를 해봐도 소용이 없다. 떨어지면 어쩌지, 떨어지면 어쩌지. 끌려나온 사람들은 그곳에 닿을 수도 없이 발만 동동 구른다.

"집행 중지! 집행 중지! 법원 명령입니다!"

마을의 변호사가 종이 한 장을 들고 멀리서 달려오며 외쳤다. 집행 중지 신청이 임시로 받아들여진 결과다. 마을을 덮친 무법자들은 아쉬움 없이 돌아간다. 건물은 이미 반파가 되었다. 일주일이 지나고, 법원은 '이미 한 차례 강제 철거가 진행돼 상당 부분 건물이 무너져 구조와 용도, 기능 면에서 독립된 건물로 보기 어렵다'며 집행 중지 신청을 기각했고 곧 마을회관은 철거당했다. 판자촌에서 가장 어엿한 모습으로 마을의 얼굴 격을 하던 건물이었다.

우리는 무너진 잔해 앞에서 매주 예배를 드렸다. 시간이 제법 흘렀다. 강제집행의 위험이 완전히 없어질 때까지 예배가 계속되었다. 생계가 바쁜 주민들의 방문이 뜸해지더라도 예배는 계속됐다. 대부분의 시간을 집에서 보내는 노인들과 함께 예배를 꾸렸다. 추석을 앞두고 의미 있는 시간을 마련하고 싶었다. 마을 사람들을 묶어내며 공동의 주방 역할을 하던 회관이 없으니 명절 분위기 내기에도 애매하다. 마침 그 주에 다른 농성장이 승리하며 쓰지 않게 된 천막을 구룡마을에 가져다 놓기로 했다. 승리의 기운 받아 마을을 지켜내자며 예배

후에 추석맞이, 천막맞이 전 파티를 열기로 한다.

학교 근처 단골 전집에 갔다. 사장님과는 누나 동생 하는 사이로 친분이 두텁다. 김치전이 맛있는 집이다. 김치전 반죽을 따로 구매할 수 있냐고 물어보기 위해 영업시간이 아닐 때 찾아갔는데 어쩐지 곤란한 기색이다. 반죽이야 그냥 줄 수도 있겠지만, 일반 김치전하고 달라 보통의 프라이팬에서 제대로 지져내기가 어렵다고 한다. 무슨 비법이 있는가 했더니 캔에 든 참치를 반죽에 갈아 넣는다고. 걸쭉한 반죽을 기름 넉넉하게 두른 번철에 튀기듯 지져내는 집이다. 가스버너에 프라이팬 올려 굽겠노라 하니 영 미덥지 않으셨나 보다.

고민이 깊어졌다. 지금이라면 김치전 반죽 금방 만들어 갈 테지만 그때는 그게 쉬운 일인 줄 몰랐지. 어머니에게 전화를 걸었다. 본가로 오라신다. 바쁘다는 핑계로 가지 않다가 반죽 만들겠다고 1호선 열차를 탔다. 돌아온 탕자마냥 집에 도착해 한껏 구박을 듣고 나서 어머니와 함께 반죽을 잔뜩 만들었다. 김치전은 특별할 게 없다며 반죽을 만드는 어머니가 멋졌다. 가져갈 용기가 마땅치 않아 김치통에 반죽을 담았다. 든든하다. 식용유와 프라이팬, 가스버너는 자취방에서 공수했다. 새로 들여놓은 천막 아래서 그렇게 김치전을 구웠다. 엉망진

어머니와 함께 만든

나의 첫 번째 김치전.

모양은 엉망이었지만 맛은 분명히 있었던

그 김치전이 내가 만든 첫 연대의 밥상이었다.

창이다. 프라이팬이 문제였는지, 양 조절에 실패한 건지, 접시에 담기도 전에 찢어지고, 너무 두껍고, 덜 익었다. 못생긴 김치전을 그릇에 담아낸다. 전의 고수들을 앉혀놓고 이걸 김치전이랍시고 내놓는 우리를 보며 무슨 생각들 하셨을까. 아무 말 없이 그저 맛있다며 먹어주시던 그때의 그 사람들. 아니, 맛은 좋았다. 어머니 레시피였으니까. 못 봐줄 모양이어서 그렇지. 누군가에게 대접한 첫 연대의 밥상이었다. 익어가는 전과 줄어가는 반죽 속에 흥이 난다. 어디서 가져왔는지 모를 막걸리가 이미 한 잔씩 돌아가고 있다. 밤은 깊어가고 보름달이 예쁘게 떴는지 어땠는지. 회관은 없어도 사람은 남아 있다. 명절 음식은 없어도 김치전이 있었다. 나는 그걸 그렇게 배웠다. 건물이 없어도 사람이 있구나.

시간이 많이 흘렀다. 숱한 이해관계 속에 강제집행의 위험 또한 당분간 사라졌고, 예배를 드릴 이유도 사라졌다. 생계로 돌아간 사람들은 바쁘고, 함께 예배를 드리던 어르신들 소식은 알 길이 없다.

2020년 6월, 서울시가 구룡마을 원주민 재정착 100%를 목표로 전면 임대단지를 추진하겠다는 계획을 발표했다. 소식을 듣는데 가슴이 울렁거렸다. 기별 없던 오랜 친구가 잘됐다는 소식을 건너들은 것마냥, 마음 깊은 곳 매듭짓지 못한 어떤 감정들이 뭉클거린다. 김치전으로는 다 풀어내지 못한 감정들이다.

그리고 2021년 9월, 서울시는 기존의 계획을 철회하는 입장을 발표했다. 천막을 전달받고 1주 뒤, 비가 많이 내렸다. 천막 아래 옹기종기 모여 예배를 드리는데 평생 교회에 다닌 적 없다던 할머니, 의리로 예배 나와준다며 빨리 가서 공부나 하라고 호통치시던 할머니가 빗줄기 아래 펑펑 울었다. 판자촌은 그냥 그 자리에 있었을 뿐이다. 그 땅을 두고 갑론을박하며 값을 올리는 사람들은 모른다. 부동산은 그 눈물의 의미를 모른다. 이 도시가 이렇게 망가져가는 것을 두고만 보면 끝내 우린 아무것도 모르는 사람들이 될 것이다.

에필로그

시작은 단순했다. 수십 년 묵은 가게와 골목이 한순간에 사라져야 하는 이유가 이해되지 않았다. 서울 시내에 세입자가 반절이고 사람이 들어가 살 수 있는 주택은 인구 대비 100퍼센트가 넘었다는데, 끊임없이 철거하고 개발하는 도시 생태계가 이해되지 않았다. 동네에 공원이 생기면 산책을 해야지 왜 오른 땅값에 세입자가 쫓겨나야 하는지, 낙후되어 개발을 한다는데 왜 정작 그 동네에 살고 있는 사람의 의견은 묻지 않고 건물주들의 동의만 받으면 막무가내로 개발을 허용해주는지 도통 이해가 가지 않았다.

10년 남짓 서울살이 하며 이사를 일곱 번 했다. 월세가 올라 옮겼고, 동네가 재개발되어 사라진다고 하니 옮겼다. 세간살이 단출해서 택시 두 대 잡아 이사를 끝낸 적도 있다. 어린 시절 교실에서는 이웃과 살갑게 지내야 한다고 배웠는데 살갑게 지낼 이웃이 없어 이상했다. 단칸방 즐비한 동네의 이웃은 인사할 만하면 떠나기 일쑤였고, 인사를 받을 때쯤이면 내가 떠나야 했다. 생존과 경쟁 외에 다른 가치는 끼어들 틈이 없어 대체 이놈의 서울은 어떻게 천만이나 되는 사람이 버티고 사는가 싶었다.

그 이상함의 뿌리를 알고 싶어 철거 현장을 향했다. 거대한 도시, 생채기에 밴드 붙인 것마냥 펜스와 누런 천으로 둘러싼 골목에서 대체 무슨 일이 일어나는지 알고 싶었다. 단출한 인생인지라 이상해하면서도 미련 없이 내가 떠난 그 자리에서 당최 무슨 일이 일어나는지 궁금했다. 온갖 폭력을 당하면서도 떠나지 못하는 이유는 무엇일까 궁금했다. 그렇게 찾은 현장에서 비로소 이웃을 만난다. 둘러앉아 밤새 떠들 인연을 만난다. 서로가 서로를 먹이는 일에 관심을 가지고, 인사치레가 아닌 당장이라도 밥상을 차려줄 요량으로 묻는 진심의 "밥은 먹었냐?"라는 질문을 마주한다. 그때 알았다. 미련 없이 떠난 적은 한 번도 없었다. 필요에 의해 떠난 적도 없었다. 나는 단골 가게를 떠나보내며 인사한 적도, 이웃이 될 뻔한 이의 안부를 물은 적도, 소리 소문 없이 떠난 누군가에게 인사를 건넨 적도 없었다. 나는 내 도시와 충분한 인사를 나누지 못했다. 수백만의 삶이 그렇게 표류한다. 허덕이며 버티는 그 아슬아슬한 삶들이 도심의 사각지대와 끝자락에 모여 현장이 되었다. 가게를 잃을 수 없어, 잃기 싫어. 집을 잃을 수 없어, 잃기 싫어. 생존과 자존감을 위해 뭣보다 이 억울함 어찌할 수 없어.

나는 학비보다 많거나 비슷한 월세를 억울함 없이 내면서도 이 도시에 어떤 지분도 어떤 흔적도 남긴 적이 없었다. 그게 너무 당연해 억울하다 생각지 못했다. 단출한 짐은 선택이 아니었다. 그게 그렇게 기꺼울 리 없지. 다만 채워 넣을 자리가 없었을 뿐. 아, 그렇게 외로웠던 삶이라니.

늦은 금요일 밤의 서울역 인근 지하보도. 퇴근길 바쁜 발걸음 사이에 노숙인의 잠자리가 있다. 온수통에 물을 꽉 채워 넣고 믹스커피를 타며 거리 상담을 하던 시절의 이야기다. 노련한 활동가들 옆에 뜨내기 되어 어깨너머로 활동을 배웠다. 뜨내기에게도 인연이 있지, 한 아저씨가 피우지도 않는 담배를 건네시는데 거절하는 법도 모르고 요령도 없는 나는 얼떨결에 그걸 받아 그대로 피웠다. 차마 티낼 수 없어 오기로 기침을 참다가 '콜록'으로 끝날 것을 '쿨럭'으로 끝내고야 만다. 매주 같은 시간, 같은 장소에 잠자리를 마련하는 아저씨를 만나러 가는 길이 즐거웠다.

"이거 귀한 거야, 고갈비라고."

품에 안고 있던 검은 봉다리를 꺼내면서 말씀하셨다. 봉다리 안에는 투명한 비닐로 한 번 더 포장된 구운 고등어 한 토막과 소주 한 병이 있었다. 단골집서 사오셨는가, 어디 시장에서 사오셨는가. 아, 그 짠맛이라니. 간을 누가 봤는지 살점 하나에 밥 한 공기 먹어도 할 말 없을 그 농축된 짠기가 잊히지 않는다. 저녁 반찬 하셨는가, 시간 날 때 일부러 사서 나 오기를 기다리셨는가. 요령 없는 나는 짠 고등어를 남김없이 먹었다. 열심히도 발라 먹었다. 꿈엔들 잊을까, 대접받은 첫 음식 '고갈비'. 씹어 삼키는 것이 먹는 일의 전부가 아니라는 걸 아저씨에게 배웠다. 사람은 마음을 먹는다. 그래서 외로움은 배고픔이다. 결국 배고픈 마음들이 밥상을 차린다. 내 배가 곯으면 당신도 외로울 거라 그리 짐작한다. 현장에서 "밥은 먹었냐?"는 물음에 퍼뜩 외로움과 억울함을 느낀 것도 같은 이유다.

"배고파요."

대답하면 한 상이 차려지고, 눈치 보던 다른 이들은 얼른 숟가락을 얹어 둘러앉는다. 연대하겠노라 현장을 찾아가 놓고 위로는 내가 다 받고 온다. 내 몫의 자리 한 뼘 없는 도시의 철거 현장에서 비로소 내 자리를 찾는다. 그렇게 허기짐을 채우면 다음 밥상을 차리는 것은 내 몫이 된다.

나의 삶을 찾아온 이가 떠날 때 허기지지 않았으면 한다. 이렇게나마 서로를 관여하며 잃어버린 우리 몫의 도시를 한 뼘 한 뼘 되찾아오길 바란다. 결국 배고픈 사람들이 이 도시를 만들었지. 이 허기짐을 홀로 해결할 방법은 없다. 그래서 연대의 밥상을 차리는 일은 결코 멈추는 법이 없다. 잘 먹고, 잘 먹이며 함께 살자.